パラリンピックと日本 知られざる60年史

Paralympic Games and Japan
60 years of history and episodes unveiled

田中圭太郎

集英社

はじめに

パラリンピックは、多くの人が聞いたことがある言葉ではないだろうか。特に日本では、東京二〇二〇オリンピック・パラリンピックの開催が決まったことによって、誰もがどこかでこの単語を見聞きしたことがあるはずだ。

パラリンピックは障害者による世界最大のスポーツ大会だ。観客動員数はすべての国際スポーツ大会の中でも、オリンピックとサッカーワールドカップに次ぐ、世界で三番目に大きな規模の大会になっている。

過去に最も多い観客動員数を記録したのは、ロンドン二〇一二パラリンピック。一六四の国と地域から四二三七人の選手が参加し、多くの競技会場が満員の観客で埋まり、約二七八万枚の観戦チケットが販売された。

東京二〇二〇パラリンピックでは、約一七〇の国と地域から、約四四〇〇人の選手が参加すると見られている。参加国の数も、選手の人数も、過去最多となる見通しだ。

実施されるのは全部で二二競技。車いすバスケットボール、車いすラグビー、車いすテニス、陸上競技などは、オリンピックにもある競技を車いすや義足を使ってプレーする。それ以外にも、ボッチャ、ゴールボール、シッティングバレーボール、ブラインドサッカーなど、パラリンピックならではと言える競技もある。それぞれの競技の種目は、選手の障害の程度によって分かれるため、金・銀・銅あわせて約五〇〇〇個のメダルが、表彰台に上がった選手に贈られることになる。

本書はこれらの競技の魅力を明らかにしようとしているのではない。パラリンピックはいつ、どこで始まったのか。その歴史に日本はどのように関わってきたのかを紐解くことが、本書の試みだ。

パラリンピックの単語は知っていても、その歴史を知る人は少ない。さらに、日本がどのようにパラリンピックに関わってきて、どのような人々が支えてきたのかについて詳しく知る人は、関係者以外ではごくわずかだろう。けれども、この歴史を踏まえてこそ、東京二〇二〇パラリンピックを開催する意義も、その後の日本が進むべき方向も見えてくるのではないだろうか。

パラリンピックは、現在ではオリンピックの直後に同じ都市で開催されることになっている。しかし、もともとオリンピックとは起源を異にする。

オリンピックには、古代オリンピックと近代オリンピックがある。

古代オリンピックは、諸説はあるが、古代ギリシャのオリンピア地方で、約二八〇〇年前に始まったとされる。数々の戦乱に巻き込まれたことで、三九三年を最後に幕を閉じた。

それから約一五〇〇年後、フランス人のピエール・ド・クーベルタンが、各国が覇権を争う帝国主義の時代に、古代オリンピックの復活を訴えた。「スポーツを通して心身を向上させ、さらには文化・国籍など様々な差異を超え、友情、連帯感、フェアプレーの精神をもって理解し合うことで、平和でよりよい世界の実現に貢献する」としたオリンピックのあるべき姿、いわゆるオリンピズムを提唱。世界の賛同を得て、近代オリンピックが始まった。

　第一回大会は一八九六年四月にギリシャのアテネで開催された。以後、幾度か中止になった大会はあるものの四年ごとに開催され、すでに一二〇年を超える歴史がある。オリンピックでおなじみの五輪のマークは、後にクーベルタンが考案したもので、一九一四年のＩＯＣ・国際オリンピック委員会設立二〇周年の式典で初めて披露された。五つの輪はそれぞれの色がどこかの大陸を表しているわけではない。五つの色に地色の白を加えると、世界の国旗のほとんどを描くことができることから、このマークが選ばれた。白地と五つの色で世界五大陸の団結を表しているのだ。

　パラリンピックは、オリンピックに比べれば歴史は浅い。一九六〇年のローマオリンピック後に、同じローマで開催された脊髄損傷者による国際スポーツ大会が、一九八九年にＩＰＣ・国際パラリンピック委員会が設立された際、第一回パラリンピックに位置づけられた。その歴史はオリンピックの半分ほどしかない。

　ただ、パラリンピックの起源はもう少しだけ遡る。きっかけは第二次世界大戦だ。イギリスのある病院で、戦闘によって脊髄を損傷した傷痍軍人の治療とリハビリテーションにスポーツが取り入れられた。その病院で一九四八年からスポーツ大会が開かれ、一九五二年以降は海外の選手も参加するようになり、国際大会として毎年開催されるようになったのが始まりだ。戦争で傷ついた軍人が、社会復帰を目指してスポーツに取り組んだのが原点だった。

日本とパラリンピックの接点ができたのは一九六〇年。四年後の一九六四年には、東京でパラリンピックが開催された。しかし、この時はまだ、日本では障害者のスポーツはまったく普及していない状態だった。

一九七〇年代に入ると、日本国内で障害者がスポーツをする環境が徐々に整い始める。さらに日本は、アジアや南太平洋地域に障害者がスポーツをする機会を広げることに大きく寄与した。その過程で、リハビリスポーツから競技スポーツへと進化し、二〇〇〇年前後には日本の競技力はピークを迎える。一九九八年には長野で冬季パラリンピックが開催され、多くの金メダルを獲得し世界と肩を並べる実力をつけた。夏季大会でも、二〇〇四年のアテネ大会では、過去最多の五二個のメダルを獲得。金メダルも一七個にのぼった。

しかし、日本はその後、世界の競技レベルの向上に置いていかれてしまう。メダルの数は減少。二〇一六年のリオデジャネイロ大会では、夏季大会では初めて金メダルが獲れずに終わった。世界では陸上でオリンピック選手の記録を上回る義足の選手も現れており、東京二〇二〇大会では競技によってはパラリンピックの選手の記録が、オリンピックのそれを超える大会になると言われている。にもかかわらず、日本は競技レベルの向上についていける選手が少なく、以前のようにメダルが獲れなくなっている。

背景には様々な要因がある。日本で障害者のスポーツを支えている組織は脆弱だ。スタート地点ともいえる一九六四年の東京パラリンピックも、決して多いとは言えない関係者の尽力で、ようやく開催にこぎつけたに過ぎない。以後、競技団体は増えていったが、現在に至るまで各団体とも潤沢とは言えない予算と人員で支えている。オリンピックの競技団体とは比べ物にならない。

選手を取り巻く環境も、つい最近まで強化どころか競技を続けていくことすら厳しいと思われる状態だった。それが変わりつつあるのは、東京二〇二〇パラリンピックの開催が決まった二〇一三年以降である。二〇一五年にはスポーツ庁が発足し、パラリンピックの代表選手たちにも強化費が出るようになった。東京二〇二〇パラリンピックでのメダル獲得に向けて、強化が進んでいるところだ。

しかし、パラリンピックの意義は、金メダルを目指すことだけではない。

様々な障害のあるアスリートが、創意工夫を凝らして自分の限界に挑む。その姿を通して、世の中に存在するバリアを減らしていくことや、障害があることをマイナスではなくポジティブにとらえることの必要性を、観ている人に気づいてもらう。その結果、よりよい社会をつくるための変革を起こすことが、パラリンピックムーブメントと呼ばれるものだ。

特に開催地である東京が、パラリンピックによってどのようなメッセージを発するのか、世界から注目されている。実際に、一九六四年の東京パラリンピックのあと、障害者が生活する環境は大きく変わった。しかし、パラリンピックが日本の社会に与えてきたインパクトや、アジアをはじめとする世界各国に日本の取り組みがどのような影響を及ぼしてきたのかについては、十分に知られているとは言えない。その歴史は、東京二〇二〇大会が開催されるいまだからこそ検証され、再認識されるべきだと考えている。

本書では、一九六四年の東京パラリンピックに実際に関わった人をはじめ、障害者のスポーツの灯を、一九六〇年から今日までつなげてきた人々を取材した。裏方として支えてきた人もいれば、かつての侍従長、元金メダリストのパラリンピアンもいる。関係者の証言から、パラリンピックと日本の六〇年をたどることが、本書の目的である。

東京二〇二〇パラリンピックの開催決定を一つの節目として、パラリンピックと日本の知られざる六〇年を明らかにしていきたい。

目次
contents

装幀／成見紀子
校閲協力／株式会社　鷗来堂

※文中敬称略

※「障害者」の表記には、「障がい者」や「障碍者」などが使われることがありますが、本文中、団体名を除いては「障害者」と表記しています。障害者が困難に直面するのはその人に障害があるからではなく、障害を作っているのは社会であり、それを取り除くことは社会の責務だとする「社会モデル」の立場で使用しました。言い換えを行わないことで、「障害」を取り除くべき社会の側の責務を明確にしたいという考えから使用しています。

第一章

パラリンピック発祥の地と日本

◉中村裕とルードウィッヒ・グットマン〈1964年〉

発祥の地・ストーク・マンデビル病院

パラリンピック発祥の地は、イギリスの小さな村にある。

ロンドンから高速道路を利用して、車で北西に二時間ほど走ると、バッキンガムシャー州の州都、エイリスベリーに着く。こぢんまりとしながらも、古い建物が建ち並ぶ、人口五万人あまりの静かな町だ。中心部から車で五分ほど、電車で一駅乗った距離に、発祥の地であるストーク・マンデビル村がある。

村のメイン通りを進むと、赤いレンガで造られた、古くて大きな教会が建っている。村全体は緑が豊かで、煙突がついた一戸建てが集まった住宅地がところどころにある。全体的にのどかな雰囲気だ。

教会から車を走らせるとほどなくして、この村唯一と言っていい、大きな建物が集まった一角が現れる。大きなビルもあれば、年季の入った平屋の建物、趣向を凝らしたデザインの比較的新しい建物が、広大な敷地に並んでいる。

敷地の入り口には、赤・青・緑の三色からなるモニュメントが立つ。これは「スリーアギトス」と呼ばれる、パラリンピックのシンボルマークだ。「アギト」はラテン語で「私は動く」という意味。困難なことがあってもあきらめずに、限界に挑戦し続けるパラリンピアンを象徴するものだ。モニュメントの下には「パラリンピックムーブメントの発祥の地」と英語で書かれた看板が置かれている。この広大な敷地にある建物は、病院だった。

病院の名前は、ストーク・マンデビル病院。

この病院は様々な診療科を持つが、パラリンピックとの関係は、脊髄損傷専門の科があることに由来する。病棟内には、脊髄を損傷して下半身が不随となり、車いすで移動している患者が多い。トレーニングルームでは、多くの患者が器具を使ってリハビリをしていた。

病棟の間を抜けて敷地を奥に進むと、隣接した場所に競技場やテニスコートがあり、隣には体育館やプール、ジムなども備えた大きな建物がある。この運動施設はストーク・マンデビルスタジアム。病院の入院患者は一定期間、病棟でリハビリをしたのちに、このスタジアムでスポーツによるリハビリに取り組むのだ。

二〇一八年一〇月、私が最初に訪れた平日の午後には、入院患者がグループで車いすバドミントンをしていた。患者にバドミントンを指導していた病院のスタッフに聞くと、脊髄を損傷した患者は病院で治療を受けながら、病状に応じて三か月から九か月の間、スポーツに取り組む。その頻度は週二回、一日あたり四時間ほど。一つの競技に充てる時間は一回に一時間までなので、一日に四種類の運動をすることになる。複数の競技によって体の様々な部分を鍛えて、自立した生活に必要な身体機能の回復を図っているのだ。バドミントンは、車いすで生活する際に体が前屈みになるのを防ぐとともに、肩甲骨を伸ばすのに有効だそうだ。

バドミントンをしていた二〇歳の男性に話を聞いてみた。男性は高所から転落して脊髄を損傷し、車いすでの生活を余儀なくされたという。

「三か月前に酒を飲み過ぎて酔っ払って、転落したのが原因です。床の工事をする職人でしたが、昔の仕事にはもう戻れないですね。それでも退院後も自立して仕事をしていきたいのでリハビリに取り組んでいます。スポーツをできるのは楽しいし、いいことだと思います」

ストーク・マンデビルスタジアムは平日の場合、朝は六時三〇分から、夜は一〇時まで開館している。土曜と日曜は、朝は八時からで、閉館時間は平日よりも早くなる。

平日の様子を一日を通して見ていると、脊髄損傷の患者だけがスポーツをしているわけではなかった。朝に多く見られるのは、出勤前のビジネスマンがマシントレーニングで汗を流す姿だ。夕方から夜にかけては、訪れる人の年代も、取り組むスポーツの種類も多様になる。屋外のテニスコートでは、脊髄損傷患者であり、以前入院していた子どもたちを対象にした車いすテニス教室が開かれ、初心者と思われる一〇歳から一六歳の少女たちがコーチの指導を受けていた。彼女たちは車いすを使い始めてまだ二年ほどで、車いすの方向転換に悪戦苦闘しながらボールを追いかけている。

体育館を覗いてみると、車いす同士が激しくぶつかり合う音が響く。練習しているのは車いすラグビーのクラブチームだった。チームにはパラリンピックのイギリス代表選手もいれば、初心者もいる。年齢も幅広く、男女も入り交じっていた。車いすラグビーの選手は、障害の程度によって、重い順に〇・五から三・五まで七段階の持ち点がつけられる。プレーする四人の選手の点数が合計で八点以内になるようにチーム編成をしなければならない。また、女性の選手が一人入るごとに合計点数の上限が〇・五点引き上げられる。年齢も、性別も、障害の程度も異なる選手たちが一緒になってプレーするのだ。この体育館は車いすラグビーの試合会場を二面とれるほど広く、車いすラグビーの国内大会もよく開かれている。

　グループ以外にも、総合スポーツ施設を個人で訪れて、水泳やヨガに励んでいる人もいる。障害の有無にかかわらず、子どもから大人まで誰もが気軽にスポーツを楽しめる場所のようだ。

　総合スポーツ施設に隣接した場所には、大会などで訪れた選手が宿泊できるように、完全にバリアフリー化された宿泊施設もある。大きなエレベーターに、幅の広い通路。客室の中は車いすでも動きやすいように広々としていて、大きな浴室とトイレには、車いすの利用者がシャワーを浴びるためのいすも完備されている。

　スタジアムはストーク・マンデビル病院から独立した組織の「WheelPower」が運営している。最高責任者のマーティン・マッケルハットンに話を聞くことができた。マッケルハットン自身も脊髄を損傷した車いすユーザーだ。現在のストーク・マンデビルスタジアムは、アメリカのニューヨークとストーク・マンデビル村で分裂開催された一九八四年のパラリンピックの際、車いす競技全般の会場になった。マッケルハットンはこの大会に車いすバスケットボールのイギリス代表選手として出場したそうだ。

「この施設はストーク・マンデビル競技大会を開催するために、それまで近くにあったスタジアムから移転して、一九六九年に造られました。その後二〇〇三年にリニューアルしています。脊髄損傷患者のリハビリの場であるとともに、退院したあとの生活にもスポーツを取り入れることを目的としています。スポーツを通して、仕事への復帰や、生活を楽しむことを実現するのです」

脊髄損傷患者が社会復帰を目指して、スポーツでリハビリをする。退院後もスポーツを楽しみながら、健康に生活していく。障害者が日常にスポーツを取り入れやすくなるように、ゲーム形式のスポーツ大会が行われるようになった。これがパラリンピックが生まれた原点だった。

パラリンピックの父

ストーク・マンデビル病院は、世界で初めて脊髄損傷患者の治療とリハビリにスポーツを取り入れた。考案したのは、第二次世界大戦が始まった一九三九年にドイツから亡命してきたユダヤ人医師、ルードウィッヒ・グットマンだった。

グットマンは一九四四年、病院に開設された脊髄損傷科の初代科長に就任し、医師として当時としては画期的な業績を残した。その業績とは、脊髄損傷患者の治療とリハビリを根本から変え、短期間で社会復帰を実現したこと。病院に釘付けにされ、介護を受けながら暮らすしかなかった脊髄損傷患者の人生を変えたのだ。

一八九九年生まれのグットマンは旧ドイツ帝国、現在のポーランドに位置するトストで生まれ育った。一九一八年に医学の勉強を始め、大学を卒業後、第一次世界大戦の負傷者が運び込まれる外科救急病院でボランティアを務めた。そこで初めて、脊髄を損傷して下半身が麻痺した患者と出会う。医師の免許を得ると、麻痺患者の治療法を学び、脳神経外科を専門とする医師として、国内の病院やブレスラウ大学、現在のヴロツワフ大学の医学部で働いていた。しかし、一九三三年にアドルフ・ヒトラーが政権を握ったことで、ドイツではナチスによるユダヤ人への迫害が強まっていく。

一九三八年にはユダヤ人医師はユダヤ人だけしか診療できなくなり、グットマンはユダヤ系の病院の責任者を務めることになった。そこでユダヤ人の過酷な状況を目のあたりにする。さらに医師であっても、ユダヤ人であることだけで迫害の対象になっていた。

この年の一一月、パリでユダヤ人がドイツ人外交官を殺害した事件が起きると、ユダヤ人に対する迫害が激化する。身の危険を感じたグットマンは、受け入れの打診を受けていたイギリスの学術関係団体の関係者を頼って、一九三九年に妻と二人の子どもを連れて無一文でドイツを脱出し、イギリスに亡命。学術団体から助成金を受けて、オックスフォード大学傘下のベリオール・カレッジで神経損傷の研究に従事することになる。

グットマンがストーク・マンデビル病院に勤務するようになったのは、第二次世界大戦の戦況が苛烈になっていく時期に、連合軍がノルマンディー上陸作戦を計画したことと密接につながっている。ドイツ占領下の北西ヨーロッパへの侵攻が計画されたこの作戦には、イギリス軍も参加を計画し、兵士に多くの戦傷者が出ることが予想された。すでに戦地では、脊髄を損傷して体に麻痺の症状が残った兵士が増えつつあり、さらに大きな被害が出ることは間違いなかった。そこで、当時のウィンストン・チャーチル首相らの決断により、一九四四年二月、ストーク・マンデビル病院に脊髄損傷科を設立。グットマンがその責任者に指名されたのだ。グットマン自身も戦争による負傷者の治療に関わることを希望していた。グットマンは二度にわたる世界大戦を通して、戦争で負傷した患者を救うことをライフワークにしていたと考えられる。

一九四四年六月六日、ノルマンディー上陸作戦は実行された。史上最大と呼ばれるこの戦いは六月二五日までの二〇日間に及び、死傷者は連合軍とドイツ軍あわせて四二万人以上に及んだ。予想通りストーク・マンデビル病院には、脊髄を損傷するなどの重傷を負った兵士が次々と運び込まれた。

脊髄を損傷した患者は、当時は遠からず死に至ると考えられていた。ところが、グットマンはそれまでの医学では考えられなかった治療法を考案し、患者の命を救っていく。

その一つが褥瘡《じょくそう》の予防。褥瘡とは、寝たきりの状態のために発症する床ずれのことだ。体とベッドが接触する部分など、体重で圧迫される部分の血流が悪くなり、皮膚がただれるなどして、やがて壊死が起きる。壊死した部位は手術で除去・切断するのが当たり前だったが、手術は神経を傷つけ、腎臓など内臓の機能も低下し、そう遠くない時期の死を避けられないのが当時の医学の常識だった。それに対してグットマンは、褥瘡を予防することで除去手術を避けることができれば、患者の命を救えると考えたのだ。

エイリスベリーには、ストーク・マンデビル病院で理学療法士として長年勤務していた日本人女性が現在も暮らしている。宮城県出身の新藤信子。一九六六年に一年半研修を受けたあと、一九七〇年から一一年間にわたって病院で勤務した。グットマンから直接指導を受けた日本人の一人だ。

新藤は一九三二年生まれ。日本にまだリハビリが浸透していない時代から海外で学び、現場での実務と研究を重ねた。彼女が最初にリハビリに出会ったのは一九六〇年。整形外科看護の研究のために渡ったアメリカでだった。

「アメリカで初めてリハビリテーションという言葉を知りました。驚いたのは、脊髄を損傷した患者が車いすに乗って、シュッ、シュッと歩道の段差を軽々と越えていくのを見た時です。その頃の日本では、脊髄を損傷した人は寝たきりでしたから。それで最初は看護のプログラムを学んでいましたが、研究対象をリハビリテーション看護に切り替えて学びました」

その頃、日本でもリハビリが予防や治療と並ぶ、医療の重要な部門として注目されるようになった。一九六三年には日本で初めて理学療法士と作業療法士を養成する国立療養所東京病院附属リハビリテーション学院が開校。一年半の研修を終えて一九六一年に帰国した新藤は、まず職員として就職し、学院の開校と同時に入学。職員として働きながら、学院ではリハビリテーション看護の講師も兼ね、仕事と学問を両立させて理学療法士の資格を取得した。日本の理学療法士第一号が新藤である。

しかし、日本の医療の現場では、注目はされても実際にリハビリを取り入れている病院はまだまれだった。日本の体制の遅れを感じた新藤は、一九六六年にストーク・マンデビル病院の門を叩く。そこでグットマンの治療法を目のあたりにした時、アメリカで感じた以上の衝撃を受けた。

「グットマン博士の回診に参加した時の驚きは、いまでもはっきりと私の脳裏に焼き付いています。脊髄損傷患者の病棟は、大きな一つの脊髄損傷病室とでもいうべき部屋に、左右両側に一二床ずつ、合計二四のベッドが並んでいました。ベッドは満員の状態でしたね。そこで行われていた褥瘡の予防法は初めて見るものでした。患者は最初の二か月から三か月はベッドで寝たきりで生活します。その時に、体とベッドが接触する部分に、十数個の羽枕を置いていました。最初の頃は一時間おき、その後は二時間おきに体位を変えて、褥瘡を予防するのです。病室には常に八人くらいのスタッフが必要で、看護師や医師がみんなで患者を動かしていました。最初の頃は、グットマン博士も一緒にやっていたそうです」

グットマンは褥瘡の予防に徹底的に力を入れた。この予防方法をどの時点で考案したのかは定かではない。考えられるのは、亡命後にベリオール・カレッジで神経損傷の研究をしていた時だろう。グットマンは戦争の負傷者の治療に従事したいと強い希望を持っていたことから、研究の中から独自の理論を編み出したのかもしれない。自らもユダヤ人としてナチスによる迫害の危機にさらされたグットマンが、戦争で傷ついた人々の命を救うために考え抜いた結論が、褥瘡の予防だったのだ。

　グットマンが考案したもう一つの重要な治療法が、スポーツによるリハビリだ。麻痺障害者の神経筋システムを回復させて余命を延ばすとともに、麻痺があっても社会復帰して生活が営めるように、身体機能を高めることが目的だった。

　スポーツを取り入れたのは、グットマンがストーク・マンデビル病院に着任してすぐのことだ。患者の症状と条件を考え合わせて、一人ひとりに最適な方法と技術を用いてリハビリを行なう。患者が車いすに乗ることができるようになると、次のステップとしてスポーツをさせたのだ。

　最初はレクリエーションとして、パンチボールやロープクライミング、ビリヤードのようなキュースポーツであるスヌーカーなどを取り入れた。続いて競技スポーツとして車いすポロを始めた。ポロは馬に乗りながらスティックで球を打ち、相手のゴールを狙うイギリスで盛んなスポーツ。これを車いすの団体競技として導入した。一九四五年には、車いすポロに代わって車いすバスケットボールが採用された。また個人競技では、車いす卓球と車いすアーチェリーも新たに行なわれるようになる。アーチェリーを下半身が麻痺した患者が行なおうとするとバランスが取りづらいため、導入したばかりの頃は体を車いすにロープなどで縛り付けていた。その後、体と車いすをベルトで固定するようになる。

病院内でのスポーツ活動が活発になると、グットマンは病院でスポーツ大会を開催することを考えた。記録や順位を競い合うことで、リハビリへのモチベーションが高まる。同時に、「失われたものを数えるな、残された能力を最大限に生かせ」という理念を掲げて、患者を前向きに社会復帰させようとしたのだ。

前述の患者や退院した患者による車いすのスポーツ大会「ストーク・マンデビル競技大会」の第一回が開かれたのは、一九四八年七月二九日。ロンドンオリンピックの開会式の日だ。男性一四人、女性二人の合計一六人の車いす患者が参加。競技は車いすアーチェリーだけだった。

大会は毎年開催された。翌一九四九年には他の病院などからも参加するようになり、パスとシュートのみでバスケットボールのゴールを狙うネットボールと、ダーチェリーと呼ばれる大きなダーツのボードに弓を射る競技が加わった。一九五〇年にはやり投げ、一九五一年にはスヌーカーも加わる。また、同年には卓球のデモンストレーションも行なわれた。

リハビリにスポーツを取り入れることが定着すると、患者の身体機能は目ざましく回復した。患者の八五パーセントもの人が、わずか半年で社会復帰して、仕事をして、日常生活が送れるようになっていった。グットマンはこの成果を国内外で発表するようになる。

脊髄損傷患者の社会復帰は、当初は奇跡と考えられていた。その実現に情熱を傾けたグットマンは、あらゆる時間を患者のために費やしていたという。地元の人たちに伝わるグットマンの人物像は、「とても頑固で、すごく難しい人」といったイメージがある一方、「障害者が仕事をして、旅行を楽しむなど、人生の幅を広げるために貢献した人」と尊敬されている。新藤も、グットマンの偉業を次のように表現する。

「私たちみたいに昔を知っている人間にとっては、必ず死ぬと言われた脊髄損傷の患者が生きて、さらにスポーツをやっていることに、大きな価値を感じています。いまのように患者がスポーツをできるようになったのは、以前では考えられない格段の進歩です。その基礎を作り、初めて実現したのがグットマン博士でした」

ストーク・マンデビル競技大会の開催を重ねるにつれて、脊髄損傷患者を社会復帰させるグットマンの業績は海外にも知れ渡るようになる。

一九五二年には、オランダ軍のリハビリセンターから選手を参加させたいと要請を受けた。グットマンはこの年から海外からの選手も受け入れることを決め、大会名を「国際ストーク・マンデビル競技大会」と改めた。参加者は一三〇人に膨らんだ。

一九五三年にはカナダ、フランス、イスラエルの選手も参加し、競技に水泳が加わると、翌年には参加国が一気に増えた。オーストラリア、オーストリア、ベルギー、カナダ、エジプト、フィンランド、フランス、ドイツ、イスラエル、パキスタン、ポルトガル、オランダ、ユーゴスラビア、そしてイギリスの一四か国。年々参加国は増え、様々な機関からの支援も寄せられたことで、大会の規模は大きくなっていった。

一九六〇年には初めて海外に会場を移し、イタリアのローマで開かれた。オリンピックの開催地であるローマで、オリンピックの直後に開催されたのである。参加したのは二三か国、四〇〇人の選手。アーチェリー、陸上競技、車いすバスケットボール、車いすフェンシング、水泳、卓球、スヌーカー、ダーチェリーの八競技が繰り広げられたこの大会が、一九八九年に設立されたＩＰＣ・国際パラリンピック委員会によって、のちに「第一回パラリンピック」に位置づけられる。つまり、国際ストーク・マンデビル競技大会が、パラリンピックの起源となる大会だった。「第一回パラリンピック」は、一九五二年に始まった国際ストーク・マンデビル競技大会の第九回大会にあたる。この歴史によってグットマンは「パラリンピックの父」と呼ばれている。

患者のスポーツ大会を「オリンピック規模」に

とはいえ、一九四八年に患者一六人で始まったストーク・マンデビル競技大会が、わずか一二年後の一九六〇年にはパラリンピックに発展し、現在までつながっているとは、すぐには信じられないかもしれない。

この成長の陰には、大会を世界的なムーブメントにしようというグットマンの戦略があった。

グットマンは、ストーク・マンデビル競技大会を始めた頃から、これをオリンピックと同じ規模の大会に育てていく構想を持っていたのだ。

　グットマンがどのようにストーク・マンデビル競技大会を大きくしていったのかについて、詳しく知る人物がいる。イギリスのコベントリー大学の研究員であり、パラスポーツの専門家として国際的に知られているイアン・ブリテンだ。ブリテンはＥＵの予算を用いて、東京二〇二〇パラリンピックの前とあとで日本における障害者の生活にどのような変化が起きるのかについて研究を進めていて、たびたび来日している。初めて会ったのは、私が二〇一八年にストーク・マンデビル村を訪れた時だった。

　ストーク・マンデビル競技大会とパラリンピックの資料を膨大に所有しているブリテンは、一九六四年の東京パラリンピックに関する貴重なコレクションを見せてくれた。大会で贈られた金メダルをはじめ、車いすアーチェリーの競技で実際に使われた記録表といったものから、選手たちに贈られた千羽鶴、選手を歓迎するイベントなどのスナップ写真もある。選手村の食事の献立などが記された冊子や、東京パラリンピック用にデザインされたタバコの「ピース」の箱も、変色することなく良好な状態で保存されていた。

「パラリンピックの資料を二〇年かけて集めてきました。特に東京パラリンピックの資料は貴重で、これだけ保存しているのはかなり珍しいと思いますよ」

　ブリテンによると、残されている関連資料から、グットマンがストーク・マンデビル競技大会の規模を着実に大きくしていった過程がわかるという。その意志は、グットマン本人の口から明確に宣言されていた。

「グットマン博士は、一九四九年の第二回ストーク・マンデビル競技大会の閉会式で、『ゆくゆくはこのゲームがオリンピック規模になるようにしていきたい』とスピーチしました。この時の参加者はわずか三七人です」

参加者がたった三七人の大会がオリンピックと肩を並べることを目指すと表明しても、いったいどれほどの人が信じただろうか。だが、グットマンは本気だった。先述の通り、それからわずか三年後の一九五二年には参加者は一三〇人に増え、国際大会となった。グットマンの言葉通り、参加国も、選手の数も、年々増えていったのだ。

国際ストーク・マンデビル競技大会が順調に拡大できた大きな理由は、スポーツによるリハビリで脊髄損傷患者をわずか半年で社会復帰させている病院の評判が、海外に知れ渡ったからだった。当時としては画期的なことで、グットマンは世界的な名声を得るようになっていた。

あわせて、グットマンが考えた効果的な広報戦略も大きな理由だったと、ブリテンは指摘する。

「グットマンはすごく宣伝が上手な人でした。大会に参加国の王室関係者などを招待して、その人たちに選手へのメダルの授与をしてもらいました。その姿がイギリス国内をはじめ、出席者の母国のメディアにとりあげられ、多くの人の注目を浴びたのです」

この方法によって、国際ストーク・マンデビル競技大会はヨーロッパやアメリカを中心に広く知られていった。

さらに発展を後押しした出来事もある。一九五六年にＩＯＣ・国際オリンピック委員会から表彰を受けたことだ。

「ＩＯＣは一九七六年まで、オリンピック精神を理解し、スポーツの発展に貢献した団体を表彰していました。国際ストーク・マンデビル競技大会の活動がその功績を認められ、表彰されたのが一九五六年です。ＩＯＣが障害者の団体を表彰したのは、この時が最初で最後です。この表彰によってグットマン博士は、オリンピックの年に、オリンピックと同じ場所で大会を開催できると確信したのではないでしょうか」

この時にＩＯＣから国際ストーク・マンデビル競技大会に贈られた記念のカップは、スイスのローザンヌにあるオリンピック・ミュージアムに現在も保管されている。ストーク・マンデビル村にはそのレプリカがある。

ＩＯＣからの表彰をきっかけに、グットマンは一九六〇年にイタリアのローマでの開催が予定されていたオリンピックの直後に、同じローマで国際ストーク・マンデビル競技大会を開催しようと働きかけ、実現した。一六人で大会を始めてから一二年、国際大会になってわずか八年。国際ストーク・マンデビル競技大会は一九六〇年九月にローマで開催され、二三か国から約四〇〇人の選手が参加した。のちに「第一回パラリンピック」と呼ばれる、大きな一歩を踏み出した大会となったのは前述の通りだ。

グットマンの秘書を長年務め、グットマンの死後、国際ストーク・マンデビル競技連盟を事務局長として牽引したジョン・スクルトンは、著書『Stoke Mandeville Road to the Paralympics』の中で、ローマ大会のグットマンの総括をこう紹介している。

「オリンピックや高い成功を収めている国際的なスポーツイベントのように、ストーク・マンデビル競技大会を他国で開催する最初の実験ができた。この成果によって、同じパターンで継続できると確信が得られた」

グットマンは、国際ストーク・マンデビル競技大会をオリンピックに匹敵する規模の大会にできる手応えを、ローマ大会の成功によってつかんだと言える。しかし、この時点の参加国は、まだ欧米の先進国が大半だった。

大会が欧米以外の地域や発展途上国など、世界中に広がっていくきっかけをつくったのは、この年、一九六〇年にグットマンの元を訪れた一人の日本人だった。

発祥の地に研修に訪れた日本人医師

ローマパラリンピックが開催される四か月前の一九六〇年五月、ストーク・マンデビル病院を一人の日本人医師が研修に訪れた。大分県の国立別府病院（現・国立病院機構別府医療センター）に整形外科科長として勤務していた中村裕《ゆたか》。リハビリの研究のため当時の厚生省（現・厚生労働省）から派遣され、アメリカ、カナダを訪れたあと、ヨーロッパの国々を訪問していた。

中村については、関係者によってまとめられた『中村裕伝』（中村裕伝刊行委員会編・一九八八年）に詳しい。その生涯を『中村裕伝』から見てみたい。

開業医の家に育った中村は、旧制中学を卒業し一九四五年四月に小倉医学専門学校に進学。翌年、学校制度が変更され、小倉医学専門学校は歯科だけを残して廃止されることになったため、一九四六年四月に九州大学附属医学専門部に編入。一九五二年に卒業して、そのまま同大学の整形外科医局に入局した。

整形外科は、第二次世界大戦前は外科の一領域にすぎなかった。それが、戦争による負傷者や、高度経済成長に伴って多発していた産業事故の負傷者などの患者が増加し、日本においても脚光を浴びる分野になっていた。

しかし、中村が整形外科を専門に選んだのは、そうした時代背景とは関係がなかった。理由は、機械いじりが好きだからだった。

中村は子どもの頃、父親の病院にある医療機器を持ち出して、いじっては壊していた。大学は工学部に進学してエンジニアになりたいと思っていたが、父親の勧めで医学の道に進んだ。大学進学後には、成績優秀で得た奨学金を使って、親に内緒でアメリカ軍の中古のジープを購入し、自分で修理して乗り回すようになる。ある日、運転中にハンドルが抜けて事故を起こし、血まみれになって教授に怒られたこともあった。そんな目にあっても車に乗ることも機械いじりもやめなかった。「三度の飯よりも車が好き」と言うほどの自動車好きでもあり、のちに一年も待たずに車を買い替える時期もあったという。

中村は卒業後に整形外科を選んだ理由を、次のように語っている。

「戦後、九大医学部の整形外科に入ったのは、やはり機械いじりが好きだったからです。整形外科の手術というのは機械をいちばん多く使い、ネジや金ヅチを用いて骨をつないだりしますからね。（中略）整形外科の医者としていまだに思うんですが、ジープの輪の機構と人間の関節の機構とは非常によく似ているんです。前輪なんか人間の肩の関節とそっくりですよ。あれは人間をみてつくったんじゃないかと思うほどです」（「キャリアガイダンス」一九八四年二・三月号）

そんな動機で整形外科の道に進んだ中村が、リハビリを知ったのは医局に入ってからだった。指導を受けていた九州大学医学部の天児《あまこ》民和《たみかず》教授から「欧米ではリハビリテーションが盛んなようだから、研究してみないか」と勧められたことで本格的に学び始めた。一九六〇年一月には天児との共著で『リハビリティション　医学的更生指導と理学的療法』（南江堂）を出版。この本がきっかけで、全国の国立病院や療養所で講演するとともに、二月から厚生省の派遣で欧米諸国のリハビリ施設を視察することになったのだ。

ストーク・マンデビル病院を訪れたのは、グットマンの治療法を最初に日本に紹介した、九州労災病院院長の内藤三郎の影響だった。内藤は一九五七年にグットマンの著書を翻訳して関係者に配った。中村はこの本を読むとともに、内藤から直接話を聞いて強い興味を持った。日本では脊髄を損傷した患者は再起不能だと考えられているのに、患者の八五パーセントが約半年で社会復帰していると書かれていることを、にわかには信じられなかった。いったいどんな治療法なのか、この目で見たいと考えたのだ。

ストーク・マンデビル病院を訪れた中村は、決して歓迎されたわけではなかった。初めて面会したグットマンに、いきなりこう言われて面食らう。

「きみは日本人か。これまで日本から幾人も、わたしのやり方を学びたいと言ってやってきた。帰る時も、ぜひ実行すると言って去ったが、一人としてその言葉を守っていない」（『中村裕伝』）

グットマンが発言したことは事実だった。これまで視察した医師たちもグットマンと同じことをしたいと考えてはいたものの、日本ではまだリハビリが知られ始めたばかりで環境が整っていなかったのだ。中村は何も言い返すことができなかった。

当初は視察だけのつもりだったが、中村はグットマンに頼んで、病院で研修させてもらうことにした。まず、グットマンによる手術を見学したが、自分たちがやっていることと、さほど変わらないと感じた。高度な外科手術を予想していた中村にとっては意外だった。

ところが、スポーツによるリハビリを見て強い衝撃を受ける。グットマンは脊髄損傷の患者にかなりハードな運動を、厳しい指導のもとでやらせていたのだ。

ストーク・マンデビル病院では、理学療法士と作業療法士、医療体育士、ソーシャルワーカー、それに養護学校の教員らがチームを組んで、患者一人ひとりに最も適切な訓練方法は何かを深く検討していた。スポーツによる訓練は、身体に残る機能の回復と強化を目的としたものだった。

中村は何よりも、「患者が完全に社会復帰できるまで面倒を見るのが医療だ」と断言するグットマンの考え方に感銘を受けた。これまでやってきた治療だけではいけないと強く感じた中村は、リハビリにスポーツを取り入れるノウハウを日本に持ち帰ろうと決心し、研修の合間に猛勉強を始める。ストーク・マンデビル病院で過ごした時のことを、のちに自ら次のように回想している。

「脊損患者の場合、当時の日本だと生きる屍だとみられていた。ところが、あちらだと六か月で八五パーセントの人が社会に復帰し、有給就職しているんです。そこで私は、ぜひその秘密を探りたいと思って長居したんですが、なにせ厚生省の期間が残り少なく、数か月で何年分かをやらなきゃならない」(『中村裕伝』)

厚生省から許された派遣期間を一度延長したものの、それでも八月までと、限られた時間しかなかった。そこで中村は三か月の間、文字通りほとんど寝ずに、ストーク・マンデビル病院のスポーツによるリハビリについて学んだ。

「人の嫌がる当直を全部引き受け、休み時間は朝から晩まで倉庫に入って、この病院がこれまでに扱った患者二〇〇〇人ぐらいのレントゲンを写し撮り、それを全部覚えたわけです。倉庫に入るのは禁じられていたんですが、そこを何とか、とグットマンに泣きついて、見逃してもらったんです」（同前）

中村が研修を受けた六年後に、理学療法士の新藤信子も同じ研修を受けた。新藤は、グットマンや病院のスタッフから中村のエピソードをたくさん聞かされ、いかに中村が評価されていたかを知った。

「中村さんは、病院が開設して以来の二〇年分の患者のカルテを、短い期間で本当に全部読んだと言われていました。グットマン博士は中村さんのことを『すごく勉強した』と褒めていて、本当に気に入っていましたね」

病院のスタッフからは、没頭するあまり、時には暴走気味になる中村らしいエピソードも聞いた。

「中村さんが当直をしながら、夜中に患者のカルテを読んでいたことは、スタッフはみんな知っていたそうです。その時に、中村さんは倉庫にあるカルテだけではなく、翌日の回診のために整理していたカルテも出して、全部読んでいました。ところが、読み終わってから元の場所に戻そうとするものの、何がどこにあったのかわからなくなったのか、バラバラに戻していたそうです。翌朝スタッフが出勤した時には、回診する患者のカルテがどこにいってしまったのか、いつもわからない状態だったとスタッフは話していました。でも、その勉強熱心な姿が印象的だったのでしょう。『中村は日本で元気にしているのか』と、たくさんのスタッフに聞かれました」

当時を知る職員はすでに病院にはいないが、のちに国際ストーク・マンデビル競技大会を引き継いだ組織である、ＩＷＡＳ・国際車いす・切断者スポーツ連盟の資料に、中村の足跡があった。中村が研修を終えてからそう遠くない一九六〇年代前半に、彼が二〇四九ポンド四ペンスを連盟に寄付した記録が残されている。当時の為替レートは一ポンドが約一〇〇〇円だったことから、日本円で約二〇〇万円。日本の物価を考えると、かなり高額な寄付をしていたことになる。極東アジアから参加する選手のために使うことが、条件として付記されていた。連盟にはいまも一八六三ポンドが残っている。

多額の寄付をしたのは、中村が日本でも脊髄損傷患者のリハビリにスポーツを取り入れて、選手を連れて国際ストーク・マンデビル競技大会に参加する意志の表れだったのではないだろうか。そして中村がそうした行動を始めたことで、日本とパラリンピックの接点が生まれることになる。

障害者のスポーツを日本へ

日本に帰国するとすぐに、中村はさっそく患者のリハビリにスポーツを取り入れようとした。ところが、『中村裕伝』によると、職場の同僚や病院の関係者にこぞって反対されたという。

「それは無茶ですよ。折角よくなりかけたものを悪くするようなものです」

中には、こんなことを言う人もいた。

「あなたは医者のくせに、身体障害者を公衆の前に引き出して、サーカスのような見世物をやろうというのですか。医者の考えることではないですよ」

この頃の日本では、身体障害者のための療養は、温泉療法やマッサージ、電気療法が主流だった。しかも多くの人は病院や自宅で寝たきりで、「見世物にするのか」と反発する人も少なくなかったのだ。

だが中村は、アメリカやヨーロッパのリハビリ技術の進歩を知り、ストーク・マンデビル病院ではスポーツによるリハビリを実際に学んだ。日本にも導入すべきだという信念に揺らぎはなかった。スポーツによるリハビリの効果を確信していたのである。

そこでまず、国立別府病院の患者にスポーツを勧めることから始めた。同時に、身近な整形外科医にスポーツがどれだけ有効かを説明してまわった。一九六一年には、大分県の厚生部長の平田準《あつし》を説得し、大分県内の学校に勤める体育指導者にも相談して、「大分県身体障害者体育協会（現・大分県障がい者体育協会）」を設立。一〇月には、協会の主催で第一回大分県身体障害者体育大会の開催にこぎつけた。それまでも身体障害者のレクリエーションとして、運動会レベルのものは開催されたことがあったが、国際ストーク・マンデビル競技大会と同じルールを導入して開催された大会は日本国内では初めてだった。

この頃にはすでに、一九六四年に東京でオリンピックが開催されることが決まっていた。一九六〇年のローマオリンピックにあわせて国際ストーク・マンデビル競技大会を開催したグットマンが、次は東京で開催したいと考えたのは自然の流れだろう。中村はグットマンから東京での開催を打診されていた。自らも開催の必要性を感じた中村は、東京で国際ストーク・マンデビル競技大会を開催することを、厚生省をはじめとする関係機関に説いて回った。しかし、どこに行っても反応は芳しくなかった。

グットマンは別ルートでも日本に働きかけていた。傷痍軍人による国際親善などを目的とした国際組織、ＷＶＦ・世界歴戦者連盟が一九五〇年に設立され、日本傷痍軍人会も一九五六年に加盟していた。グットマンは一九六一年に開催されたＷＶＦの会議に出席し、当時ＷＶＦの日本の理事を務めていた沖野亦男《またお》と面談した。沖野は戦争で片足を失った元海軍大佐だった。グットマンは東京オリンピック直後の国際ストーク・マンデビル競技大会開催を沖野に直接打診した。沖野も趣旨に賛同し、この年、国立身体障害者更生指導所の稗田正虎とともに、ＷＶＦ本部から身体障害者のスポーツに関する資料を借り受け、冊子「身体障害者スポーツ」を刊行。関係者に配布して、大会開催への機運を高めようとしていた。

しかし、日本では障害者のスポーツは、まだ中村とその周囲の医師が取り入れ始めたばかりで、ほとんど認知されていない。大分県身体障害者体育大会も地元のメディアには取り上げられたものの、全国レベルで報じられることはなかった。ましてや国際大会の開催など、「あまりに飛躍している」と考えられていた。『中村裕伝』によると、特に厚生省の反応はきわめて悪く、中村は冷ややかにあしらわれたという。

東京での国際ストーク・マンデビル競技大会の開催を認めさせるには、まず毎年開かれている大会に日本から選手を派遣することが必要だと中村は考えた。車いすで生活していた国立別府病院の患者と、国立別府保養所（現・別府重度障害者センター）の入所者の二人を、卓球や水泳の日本代表選手に選び、一九六二年の大会に出場させることを決めた。

ところが、障害のある選手と関係者をそろってイギリスのストーク・マンデビル村まで派遣するような資金は、誰も持ち合わせていなかった。そこで中村はあらゆる手を使って金策に奔走する。

まず地元の大分銀行にどうすれば融資してくれるのかを相談した。立場があって、かつ、当たり前だが必ず返済できる人であれば融資できると言われて、中村は元厚生事務次官の葛西嘉《かさいよし》資《すけ》に頼み込んだ。葛西は一九五一年に厚生省を退官後、社会福祉の分野で活動していた人物。東京での国際ストーク・マンデビル競技大会開催の相談も受けており、開催に向けてすでに設立された「国際身体障害者スポーツ大会準備委員会」の委員長にも就任していた。葛西の名前と委員長の肩書で、一〇〇万円を借りることができた。

さらに中村はいろいろな企業と交渉し、ブリティッシュ・エアウェイズの前身である当時の英国海外航空から、一人分の航空券を無料で出してもらう支援を取り付けた。それでも足りなかったために、最後は中村が愛車を売って、選手の旅費に充てた。こうしてなんとか選手二人をストーク・マンデビル村に送り出すことができた。

遠いアジアの日本から、二人の選手が国際ストーク・マンデビル競技大会に参加したことを、グットマンは大いに喜んだ。グットマンは「君は実行力のある数少ない日本人だ。いま君の仕事は始まったばかりだ」（『中村裕伝』）と中村に賛辞を贈った。

中村はイギリスに行く前後に、国際ストーク・マンデビル競技大会を一九六四年に東京で開催する機運を盛り上げるための行動も怠らなかった。

出発前には首相官邸で壮行会が開かれた。時の総理大臣は池田勇人。官房長官の大平正芳や労働大臣らも出席し、二〇〇人近い障害者が激励に集まった。帰国後は、当時の皇太子ご夫妻から東宮御所に招かれた。

こうした壮行会や東宮御所の訪問もあって、国際ストーク・マンデビル競技大会に日本から初めて二人の選手が出場したことが、国内で大きく報道された。

実は中村は、報道されることで国内の行政と障害者団体の関係者にインパクトを与えることや、世論を喚起することを意識していた。大会前には当時の朝日新聞社厚生文化事業団の担当者を訪ね、「朝日新聞あたりが中心になって各方面に呼びかけて一九六四年の大会開催を実現してほしい」と訴えた。中村は強い口調でこう話したという。

「東京オリンピックのあとに大会を開催できないとすれば、福祉国家日本の看板は国際的にみて偽りになるだろう」

　中村は報道機関にも、関係者にも熱意を語った。その甲斐もあって、国際ストーク・マンデビル競技大会への初めての選手派遣は大きく報道された。九州の一介の医師でしかなかった中村の存在は医療関係者、障害者団体の関係者に知られるようになっていった。

　中村は国内で関係者の説得にあたる一方で、海外にも目を向けていた。国際ストーク・マンデビル競技大会とは別に存在する障害者のスポーツ大会も、東京で一緒に開催する構想をもっていたのだ。

　グットマンが参加対象としていたのは、脊髄損傷による下半身麻痺の患者だけだった。しかし、身体障害者には脊髄損傷だけでなく、手足を切断した人や全盲の人もいる。これらの障害がある人々の間では、国際ストーク・マンデビル競技大会に参加できないことに対する不満が高まっていた。このため一九六三年七月一六日には、第一回国際身体障害者スポーツ大会がオーストリアのリンツで開会した。主催したのはパリのＷＶＦ・世界歴戦者連盟本部内にある国際身体障害者スポーツ連盟で、全盲の視覚障害者と切断者を含む大会だった。

　中村は連盟に、翌年に東京で大会が開かれた場合、選手を派遣するように要請した。同時に、第一回国際身体障害者スポーツ大会に日本から五人の選手を派遣。さらにその五人は、直後の七月二四日から開かれた国際ストーク・マンデビル競技大会にも出場した。

日本が両大会に選手を派遣したことは、各国から支持された。国内では、前年と同様に選手は総理大臣、厚生大臣、労働大臣などを出発前に訪問。中村は連日、テレビやラジオに出演した。東京オリンピックのあとに障害者のスポーツ大会を開催する機運を、国内でも、海外でも高めたことで、外堀は確実に埋まっていた。これでは厚生省も折れざるを得なかった。

国内での承認を得たことから、この年の国際ストーク・マンデビル競技大会の期間中に開かれた理事会において、翌年に東京で開催することが正式に決定された。

一方で中村は脊髄損傷以外の障害者も参加できるようにグットマンを説得したものの、グットマンは首を縦に振らなかった。このため東京大会は、第一部で国際ストーク・マンデビル競技大会を開催し、第二部を国内の脊髄損傷以外の障害者のスポーツ大会とすることを提案し、グットマンの了解を得た。第二部には西ドイツの選手も参加することになった。

この第一部と第二部を総称した大会名は「東京パラリンピック」と名付けられた。

パラリンピックは「対麻痺」という意味のparaplegiaや「麻痺」を意味するparalysisからとった「パラ（para）」と、オリンピックの「リンピック（lympic）」をつなぎ合わせた言葉だ。パラリンピックの名前が正式に使われたのは、世界で初めてだった。

中村はストーク・マンデビル村で、東京パラリンピックの開催に必要な資料の収集や調査をして帰国。東京パラリンピックの開催決定を発表すると、新聞各紙に大きく報じられた。

しかし、まだ問題は残っていた。開催一年前のこの時点で、予算の目処がまったく立っていなかったのだ。

第二章

東京パラリンピック一九六四

◉東京パラリンピック開会式、日本選手団の入場〈1964年〉

Paralympic Games and Japan
60 years of history and episodes unveiled

日本の身体障害者の悲惨な状況

一九六四年に開催された東京パラリンピックから、すでに五〇年以上の時が流れている。関係者の多くが亡くなっている中で、厚生省の職員として当時の現場で働き、その後も長年にわたって障害者行政や、障害者のスポーツの発展を支えてきた人物に話を聞くことができた。横浜市に住む、井手《いで》精一郎だ。

井手は一九二四年一〇月生まれ。一九七八年に厚生省を退官後、一九八一年から一九九八年まで日本身体障害者スポーツ協会、現在の公益財団法人日本障がい者スポーツ協会の常務理事を一七年間務めた。

パラリンピックでは、日本選手団の団長も務めている。一九八四年のニューヨークとストーク・マンデビル村の二か所で開催された大会から、一九八八年のソウル大会、一九九二年のバルセロナ大会まで、三大会で選手団を率いた。

井手は、二度目の東京パラリンピックを九五歳で迎える。妻と一緒に入居している老人ホームの部屋を訪ねると、机にはパソコンがあり、棚に資料が整然と並べられている。資料は主に障害者のスポーツに関するもの。高齢のため耳が遠くなっているが、質問に応じて必要な資料を用意して、丁寧に説明してくれる。

井手は一九四六年に拓殖大学を中退し、厚生省の外局として設置された引揚援護院に勤務した。引揚援護院は第二次世界大戦の敗戦によって、台湾、朝鮮半島、南洋諸島や、日本から多数の入植者を送っていた満洲（現・中国東北部）、南樺太から引き揚げる人に対する応急援護や検疫などを担当する組織だった。その後、一九四九年に厚生省に転任し、社会局保護課で生活保護制度の創設に関わる。一九六二年からは大分県庁で国民年金課長として勤務する。国民年金法は前年の四月に施行されたばかりだった。井手は一貫して戦後日本の社会福祉制度を作り上げる現場で働いていた。

　東京パラリンピックに関わることになったのは一九六四年四月。四〇歳になる年だった。大分から社会局更生課課長補佐として本省に戻ってくると、開催を半年後に控えた東京パラリンピックの担当を命じられた。省内にはすでに「パラリンピック準備室」ができていたという。

「障害者のスポーツのことなんて、まったく何も知りませんでした。いきなり『お前、やれ』と言われて、それから関わることになったわけです」

　東京パラリンピックの開催は、厚生省が強く反対していたと前述した。その大きな理由は、当時の日本の身体障害者をめぐる環境が、スポーツの国際大会を開くことなど、到底考えられないような状況だったからだ。

　敗戦から二〇年が経とうとしていた日本にも、多くの傷痍軍人がいた。さらに高度経済成長に伴って、建設現場からの転落、トンネルの工事現場での落盤、炭鉱で発生する事故、鉄道会社に従事する人が列車の連結の際に体を切断するといった、労災事故の患者も少なくなかった。

患者の増加を受けて、国は戦時中に海軍病院と傷痍軍人の保養所を兼ねていた国立別府病院の温泉病棟と、戦時中は傷痍軍人の療養所だった国立伊東温泉病院に、国立重度障害者センターを開設した。いずれの病院も重度の障害者を入居させていた。入居といっても、実際のところ患者たちは寝たきりの生活を送るしかなかった。

「日本では当時、障害者への理解がまったく進んでいませんでした。入院患者は家に帰すわけにもいきません。『とにかく命を大事にして、一日でも長く生活していてください』と言われて寝ているだけでした」

しかし、こうした施設に入所している患者はまだいい方だった。パラリンピックの開催を議論していた時期に発表されたある報告書に、国の関係者も、医師も、大きな衝撃を受けた。

「東北の医師会の関係者が、重度障害者の生活について実態調査を行なったところ、何年も風呂に入っていない障害者がいたことがわかりました。これは衝撃を受けましたね。寝たきりなので家族も風呂に入れる術がなかったのかもしれませんが、人間らしい生活とはとても言えませんよ。パラリンピックをやるべきか、やらざるべきか、大変な議論がありましたが、最終的には障害者の悲惨な実態を変えなければいけないと、厚生省も腹を決めたと聞いています」

井手の証言からわかるのは、東京パラリンピックの開催を決めた動機が、医師である中村らと、厚生省では若干異なることだ。

中村の動機は、脊髄損傷患者をはじめとする障害者の社会復帰や社会参加を目指すために、日本国内にリハビリとしての障害者スポーツを普及させることにあった。

一方の厚生省は、中村が唱える趣旨についてはなかなか受け入れられなかった。しかし、国際ストーク・マンデビル競技大会などの国際大会に選手を派遣したことを通じて、欧米諸国に比べて日本の障害者行政の遅れが浮き彫りになった。この状況を国として変えていかなければならないと決心したことが、開催の受け入れにつながったといえる。

ただ、厚生省が東京パラリンピックの開催に難色を示していた理由はほかにもあった。それは厚生省も、大会の運営費に充てる十分な予算を持っていなかったからだ。

開催が決まったことで、大会の予算が見積もられた。その金額は九〇〇〇万円。東京オリンピックの予算は、運営費と施設整備費、それにインフラ整備まで加えると、一兆円規模になったとみられている。聖火の運搬費だけで約一億円かかったとされる。ちなみに、一九六四年の平均賃金は年四一万四〇〇〇円だった。

東京パラリンピックの予算は、オリンピックの聖火の運搬費より少ないにもかかわらず、計画した時点では確保できた予算はゼロだった。厚生省はできるだけ予算を確保しようとしたが、目処が立ったのは二〇〇〇万円のみ。開催地の東京都も一〇〇〇万円の助成金を出すことになったが、両方を合わせて三〇〇〇万円しかなかった。

井手が着任した時、開会まで半年しか残されていなかったにもかかわらず、三〇〇〇万円以外の手当てはできていない状態だった。オリンピックには企業・団体から多額の寄付が集まっていたが、パラリンピックは寄付を打診しても断られるばかり。予算との差を埋める方法は、募金活動しか残されていなかった。

関係者は地道に募金を呼びかけた。それは国家公務員である厚生省の職員も同じだった。井手は着任後、協力を呼びかけるためにいろいろなところに足を運んだという。時には、一見関係ないのではないかと思われるようなところにも連れ出された。

「酒を飲まないはずの運営委員会の理事さんに、突然『バーに飲みにいくか』と誘われるんですね。変なことを言うなあと思いながらついていったら、募金箱がありました。日本バーテンダー協会が協力してくれて、全国にある一万軒のバーに募金箱を置かせてもらっていたのです。箱の中を見に行きながら、募金をお願いしていましたね」

日本バーテンダー協会は「トラになる前にご協力を」と呼びかけた。最終的に三六〇万円が集まった。東京都内ではバー以外の酒場にも募金箱が置かれていた。

しかし、個人の募金では目標とする金額には到底追いつかない。そもそも東京パラリンピックが開催されることの周知もできていなかった。

何とか大会を知ってもらおうと立ち上がったのは、東京パラリンピックの当事者とも言える、日本身体障害者団体連合会だった。大会まで四か月となった七月、パラリンピックの成功を祈願する名目で、障害者による富士登山を実施した。壮行会は皇居前広場で行なわれた。厚生省の指導員や日本赤十字社の医師、それに鉄道弘済会の義肢修理班が同行して、身体障害者ばかり三五〇人が山頂を目指し、頂上でバンザイの声を上げた。富士登山が成功のうちに終わったことは、パラリンピックを一般の人に知ってもらう一つのきっかけにはなった。しかし、それでも募金は簡単には集まらなかった。

　流れが変わったのは、九月に朝日新聞が資金不足に苦しむ事務局の窮状を記事にしたことだった。大会直前になって、ようやく大きな支援の申し出が出てきた。日本自転車振興会（現・ＪＫＡ）は、競輪の収益金から約四〇〇〇万円を寄付。日本自動車工業会はリフトバス九台の製作費の半分にあたる、一二五〇万円を負担した。

　開幕前月の一〇月一四日には、『上を向いて歩こう』の世界的な大ヒットによって、国民的歌手となっていた坂本九と、作詞した永六輔が、パラリンピックを支援するためのチャリティーリサイタルを企画、東京・有楽町の朝日新聞東京本社で昼夜二回にわたって開催した。

　この頃には幅広い世代から支援が寄せられるようになった。一〇円玉を集めて持ってきた高校生や、学校で募金活動をする中学生や高校生も現れた。その結果、個人の寄付も三〇〇〇万円を超えて、東京パラリンピックが開幕する直前には、一億円を超える金額を確保できた。それまで募金に苦労していただけに、井手は当時の盛り上がりをよく覚えているという。

「個人からの寄付が集まったのは、福祉団体が協力してくれたのが大きかったですね。日本赤十字社、済生会、社会福祉協議会、鉄道弘済会など、とにかくあらゆる福祉団体が協力してくれました」

ただ、確保した予算に人件費は含まれていなかった。大会を開催するために必要な審判、医師、通訳、会場スタッフなど、ありとあらゆる大会関係者は全員ボランティア。選手らの輸送は自衛隊が担当した。井手ら関係者は開催直前まで人手の確保に追われていたのだ。

ハード面の準備にいたっては、一〇月一〇日から二四日まで開催されていたオリンピックが終わるまでは、何もできなかった。パラリンピックの開会式は一一月八日。前日には五六七人の選手と役員が選手村に入ることになっていたが、選手村と競技会場の工事が行われたのは一一月四日と五日。まさに突貫工事だった。

東京パラリンピックの会場は、国立代々木競技場の体育館と、オリンピックに使われた代々木の選手村の敷地内に急造された。この一帯は大会直前までアメリカ軍が駐留する「ワシントンハイツ」と呼ばれる施設だった。

開会式とトラック競技が行われるメイングラウンドは、オリンピックの陸上の練習場として使われた織田フィールド。何もないところから、仮設スタンドが徹夜の工事で造られた。「織田」の名前は、一九二八年のアムステルダムオリンピックで、三段跳びで日本陸上界初の金メダルを獲得した織田幹雄に由来する。

選手村はオリンピックと同じ、アメリカ軍の将校とその家族が暮らしていた住宅が使われた。だが、車いすに対応するためにバリアフリー工事が必要だった。入り口にスロープが取り付けられたほか、浴室はドアが撤去され、ハンドシャワーを設置。トイレには手すりが備え付けられた。この工事も、二日間で行われた。「よく丸二日でできたものだ」と関係者も驚く工事だった。

東京パラリンピックは、開催の正式決定が一年前で、予算の目処がついたのも、本格的な準備が行なわれたのも直前。綱渡りでなんとか開催にこぎつけることができたのが実情と言える。

東京パラリンピック開幕

一九六四年一一月八日、東京は快晴だった。できたばかりの織田フィールドの仮設スタンドは、午前九時三〇分頃には約四〇〇〇人の観客で埋め尽くされた。

東京パラリンピックの報告書によれば、午前一〇時、名誉総裁に就任した皇太子ご夫妻がロイヤルボックスに着席後、小中学生一〇〇人の鼓笛隊と陸上自衛隊音楽隊の演奏で東京パラリンピックの第一部、国際身体障害者スポーツ競技会の開会式が始まった。

第一部は第一三回国際ストーク・マンデビル競技大会でもある。競技大会の旗に続いて、二一か国の選手三七八人と役員らが入場行進。イギリス、アルゼンチン、オーストラリアと、車いすに乗った選手たちが次々と入場した。最後は日本選手団。団長を務めていたのは中村裕だった。中村は大会運営委員会の理事でもあり、外国人選手や関係者の受け入れから、競技も見守るなど多忙を極めていた。

大会にはイギリスからグッ トマンも訪れた。開会式では大会の運営委員会会長を務めた葛西嘉資に続いて、グッ トマンが挨拶した。

「この国際競技大会は一九四八年にささやかな出発を遂げてから世界的なスポーツ運動にまで発展してきましたが、その基本は常に三つの原則、即ち、友情、結合、スポーツマン精神にのっとっています。これらの理想はいまやわたくしたちの旗に示された三つの車輪に象徴されています。一九六四年の国際身体障害者競技大会が、これらの理想に忠実に運営されることであり、この東京大会が肢体不自由者のためのスポーツ発展史上一紀元を画するものであり、人道の、世にも美しい功績の一つとして歴史に長くとどまるよう切望するものであります」（『国際身体障害者スポーツ競技会　東京パラリンピック大会　報告書』）

グッ トマンにとっては、東京で大会を開催できた最大の功労者は中村だったのだろう。式が始まる前に、「中村をロイヤルボックスに座らせなさい」と葛西に言ったという。しかし、日本の社会では官庁の幹部がまず重んじられる。中村は地方の国立病院の科長にすぎず、グッ トマンの主張は退けられた。

ロイヤルボックスに並んで座ることはかなわなかったものの、中村に対して、グッ トマンは最大限の感謝の意を伝えた。グッ トマンがどれだけ感動していたのかがわかる文章を、中村が残している。

「グットマン教授が私の手を固く握り、素晴らしいと喜びを満面に浮かべた姿が今も忘れられない」（『中村裕伝』）

開会式の様子は、国内のメディアに大きく報じられた。朝日新聞、毎日新聞、読売新聞は、当日の夕刊の一面で伝えた。一面トップにあたる右側の記事は、どの社も池田勇人首相の後継争いで佐藤栄作が優位に立ったことを伝えている。この翌日には佐藤栄作首相が誕生した。この記事とほぼ同じ大きさで、パラリンピックの開会式の記事が、写真付きで掲載されたのだ。

東京パラリンピックで繰り広げられたのは、アーチェリー、陸上競技、車いすバスケットボール、車いすフェンシング、水泳、卓球、パワーリフティング、スヌーカー、ダーチェリーの九競技。しかし、欧米の参加国に比べて、日本の成績は振るわず、なかなか表彰台に上がることができなかった。初めてメダルを獲得したのは、三位に入ったダーチェリーのチーム。卓球男子ダブルスに出場した福島県の渡部藤男と猪狩靖典が、唯一金メダルを手にした。日本選手団の成績は金一個、銀五個、銅四個。最も多く金メダルを獲得したのはアメリカで、三七個に及んだ。

新聞は大会期間中、様々な切り口で大会の様子を伝えた。ただ、掲載された場所は運動面ではなく、ほとんどが社会面や第二社会面だった。一方、放送局ではＮＨＫが開会式をテレビとラジオで三〇分間生中継したほか、テレビで車いすバスケットボールの日本対イギリスの試合などを放送している。

現場で働いていた井手は連絡調整係として、運営の裏方や広報対応などに当たっていた。

「連絡調整係と名前はついていましたが、いうなれば雑用係です。何でもやりましたから、大会のことはよく覚えていますよ。厚生記者会に加盟していた二六社が取材していたと記憶しています。寒いからと言ってストーブを持ち込んでいた会社もありましたよ」

大会はそれなりに大きく報道されていたと考えられる。しかし、一般の人はオリンピックのことは鮮明に覚えていても、パラリンピックについては、開催されたこと自体もよく知らないという人がほとんどではないだろうか。井手によると、開会式には招待客も含めて四〇〇〇人もの観客が訪れたが、それ以外の日は選手の家族や医師、関係者のほかに観客はいなかったという。

「開会式には観客がたくさん来ましたよ。でもそれは織田フィールドで開催したからです。織田フィールドは東京オリンピックの男子マラソンで優勝したアベベが、毎日練習していた場所でした。だから観客の多くは、パラリンピックの競技に興味があったのではなく、アベベが走った場所を見たいと思って来たのだと思います」

東京オリンピックでは、エチオピアのアベベ・ビキラが、男子マラソンで史上初となる二大会連続の優勝を果たし、大会の大きな話題となった。

余談だが、アベベはこの五年後、国際ストーク・マンデビル競技大会に出場することになる。

一九六九年三月、アベベはエチオピア国内で自動車事故に遭い、第七頸椎が完全に脱臼し、下半身不随になった。そのため、ストーク・マンデビル病院に入院し、八か月にわたって治療とリハビリに取り組んだ。リハビリ中には車いすのスポーツができるようになり、この年の七月の国際ストーク・マンデビル競技大会にアーチェリーと陸上で出場。退院後の翌一九七〇年も卓球と陸上に出場し、エチオピア選手団の総監督も務めている。一九七一年にはノルウェーで開催された身体障害者のスポーツ大会で犬ぞりレースに出場し優勝。その後も障害者のスポーツに関わったが、一九七三年、脳出血により四一歳の若さでその生涯を閉じた。

　アベベ効果で開会式に多くの観客が訪れた一方で、井手をはじめ、厚生省の職員は警戒態勢を敷いていた。「白衣募金者」の偽者が、会場に現れるのではないかと危惧していたのだ。「白衣募金者」は第二次世界大戦の敗戦後、自らが傷痍軍人であり、生活に窮していることを白衣姿で訴え、街頭や列車の中で募金を行なった人々を指す。傷痍軍人は戦時中は国の保護を受けていたが、一九四七年六月、国立病院がそれまで無料もしくは一部免除としていた傷痍軍人の診療費を原則有料にした。外地などから引き揚げてきた患者が増加したことが主な原因だった。

　しかも、症状がある程度治癒した患者は、医療費の給付の対象外となったことから、退院を希望しない人が多くなった。その中から白衣を着て、生活の困窮を訴えて街頭で募金を行なう人が続出したのだった。一九四七年五月に第二国立病院の白衣を着た患者約一八〇人が、街頭募金をしたことが始まりだった。

ところが、一九五三年に国が実施した調査の結果、募金を行なっている人の半数以上が、恩給や年金を受給していたことがわかった。募金によって働かずに収入を得て、高額の貯金をしている人もいたのだ。こうした白衣募金は批判を浴び、東京都など条例で募金活動を禁止する自治体も出てきた。

日本傷痍軍人会は、一九六四年のオリンピック開催直前に、白衣募金を一掃しようと実態調査を実施。この時の調査で白衣募金者の三分の二が、偽者の傷痍軍人だったことが判明した。

「白衣募金を行なう人たちは戦後二〇年近くが経っても、相模原病院、現在の国立病院機構相模原病院に多く入院していました。まだたくさんいたんですね。傷痍軍人も、行き先がない人が多かったでしょうから。ところが、中には偽者が結構いて、募金から帰ってくると、病院の中で酒を飲んだり、博打をやったりしていました。こういう人たちが出てくると困るので、課内で対応を協議して警戒しましたが、結局は来ませんでした」

二日目以降に一般の客があまり来なかったことについては、「当時の日本の状況から考えれば当然だった」と井手は説明する。

「当時は障害のある人に対する関心自体がありませんでした。ましてや、リハビリにスポーツを取り入れることも、中村さんが始めたばかりで、一般の人には理解されていなかったと思いますね」

東京パラリンピックの開催が決まって、障害者による富士登山などで話題にはなっても、盛り上がったのは障害者の家族らが中心だった。それ以外の人からは「障害者を見世物にするのはけしからん」と批判の声が厚生省に寄せられるなど、障害者がスポーツをすることに対して世の中への普及はまだまだだった。

「大会の期間中、池田内閣から佐藤内閣に代わった時に、記者のどなたかが、『いま障害者スポーツの大会をやっているから見に行ったらどうですか』と佐藤首相に言ったらしいです。すると佐藤首相は、障害者がスポーツをするのかと驚いたそうです。時の首相の知識もその程度しかありませんでした。それが当時の日本の水準だったんですよ」

「パラリンピック」の名称の謎

一九六四年の東京パラリンピックは、世界で初めてパラリンピックの名称が使われた大会であると先述した。次に使われたのは二四年後、一九八八年のソウル大会だった。この経緯は、単に名称が変化したことに留まらず、パラリンピックの歴史を語るうえでも重要な意味を持っている。

一九六四年の東京で初めて正式に使われたパラリンピックの名称は、前述の通り「対麻痺（paraplegia）」や、「麻痺（paralysis）」の「パラ（para）」と、オリンピックの「リンピック（lympic）」をつなぎ合わせて作られたと言われている。

同じ意味で、東京以前にも、非公式ながらパラリンピックという言葉が使われたことがあった。ＩＰＣの資料によると、一九五三年以降、国際ストーク・マンデビル競技大会のことを、地元の新聞やイギリス以外の国の新聞が「ストーク・マンデビル・パラリンピックス」「パラリンピックス・オブ・ストーク・マンデビル」などと表記したことがある。これらは正式な大会名ではない。一九四九年にグットマンがオリンピックと同じ規模の大会になることを目指すと宣言したことなどから、新聞社が「パラ」と「リンピック」をつなぎ合わせて書いたと考えられる。

井手によると、東京でも最初にパラリンピックの言葉を使いはじめたのは、新聞社だったという。

「東京の大会は国際身体障害者スポーツ競技会という名称で準備が進められていました。それが、どこかの時点でパラリンピックの名称が出てきました。日本の新聞記者がパラリンピックと言い始めたのが最初だと聞いています。もともとはパラプレジアオリンピックだと言っていたのが、さらに縮めてパラリンピックと言うようになったそうです。その言葉を大会運営委員会や厚生省が採用したのでしょう。私が担当になった大会半年前には、厚生省にはパラリンピック準備室もできていましたし、パラリンピックと書かれたパンフレットもできていました」

しかし、東京パラリンピックの第一部は、あくまで第一三回国際ストーク・マンデビル競技大会をオリンピックと同じ開催地で実施するという体裁だった。グットマンはアジアで初めて開催できたことに、中村をはじめ関係者に感謝したことは間違いないが、同時に、大会名については不本意に思っていることを隠さなかった。井手は大会期間中に一度、グットマンから直接抗議を受けた。

「私のところにやってきて、日本語を交えながら怒っているように話しました。『パラリンピックじゃない。ノー』と。それではなんですかと聞くと、『ストーク・マンデビル・ゲーム』と声を上げました。つまり、パラリンピックなんて知ったこっちゃないと言いたかったんでしょうね。グットマンの印象は、頑固なおじさんです。私もその時は『何だこのやろう』って思いましたね（笑）」

第一部と第二部をあわせて開催するコンセプトも、グットマンからすれば自分たちとは関係ないと思っていたのだろう。前述の通り国際ストーク・マンデビル競技大会は、あくまで脊髄損傷者だけが参加する大会だったからだ。第二部は、日本国内の脊髄損傷以外の身体障害者が出場する大会として開催するとともに、国際ストーク・マンデビル競技大会と対立していた国際身体障害者連盟と共催し、西ドイツの選手も参加した。

脊髄損傷以外の身体障害者にも参加してもらおうと第二部を開催したのは、中村と、大会運営委員会会長の葛西の考えだった。さらに言えば、脊髄損傷以外の障害者が参加するのは、現在のパラリンピックと同じでもある。東京パラリンピックは名前だけでなく、様々な障害のある人が参加する点で、内容もパラリンピックの原型と言えるのだ。

だが、東京大会以降、しばらくの間はオリンピックが開催される年の国際ストーク・マンデビル競技大会に、パラリンピックの名称が使われることはなかった。理由の一つは、グットマンがあくまで大会名は国際ストーク・マンデビル競技大会であることを譲らず、脊髄損傷者以外の参加を認めなかったことにある。

もう一つは、オリンピックと同じ土地での開催が続かなかったことも挙げられる。東京に続く一九六八年のオリンピック開催地はメキシコシティーだったが、メキシコに国際ストーク・マンデビル競技大会を受け入れる環境はなかった。障害者を多数受け入れて、スポーツ大会を実施できる国や都市は当時ごくわずかだったのだ。このため、一九六八年の第三回パラリンピックにあたる国際ストーク・マンデビル競技大会はイスラエルで開催された。第四回パラリンピックにあたる一九七二年の大会は、オリンピックと同じドイツで開催されたが、開催都市はミュンヘンではなくハイデルベルクだった。以後しばらくはオリンピックの開催地と国際ストーク・マンデビル競技大会の開催地が異なる状況が続いた。

その後、リハビリとしての障害者スポーツは世界に広がり、東京パラリンピックで実現した脊髄損傷以外の選手が参加できる流れが一九七〇年代後半になると再燃する。

一九七六年にカナダのトロントで開催された第五回パラリンピックにあたる大会は、脊髄損傷以外にも、視覚障害や切断の選手が初めて参加することになった。大会の名称は「身体障害者のための一九七六年国際オリンピック競技大会」。この年から、オリンピックと同じ年に開催される大会の名称に「国際ストーク・マンデビル競技大会」の名前が入らなくなった。

一九八〇年のオランダ・アーネムでの第六回パラリンピックにあたる大会も、脊髄損傷以外の障害者が参加し、「一九八〇年障害者のためのオリンピック競技大会」と呼ばれた。

毎年開催されていた国際ストーク・マンデビル競技大会自体も、脊髄損傷以外の障害がある人もあわせて参加できる大会に変えるべきだとの意見が出ていた。しかし、グットマンは反対し続けた。当時、ストーク・マンデビル病院で勤務していた新藤信子は、その議論を間近で見ていた。

「グットマン博士は、参加者を脊髄損傷以外に広げることを、頑として受け入れず、生きている間は変わることはありませんでした。グットマン博士が一九八〇年にお亡くなりになると、その翌年のストーク・マンデビル競技連盟の会議で、今後は脊髄損傷以外の選手も入ることが決まりました」

この会議には、中村も出席する予定だった。しかし、新藤が中村を空港に迎えに行くと、中村は「私はその会議に行きたいんじゃない」と言い、ロンドンの骨董品屋をまわって、会議が終わった頃にストーク・マンデビル村に行ったという。

「グットマン博士に近い人たちからは、中村さんは脊髄損傷以外の障害者を受け入れることに反対して、ストーク・マンデビル競技大会を守ってくれると思われていました。でも、本当は脊髄損傷以外の障害者と一緒に大会を開催することに賛成だったのでしょう。だから、会議に行かなかったのだと思います」

　グットマンの死後、パラリンピックを運営する新たな組織として、一九八二年にＩＣＣ・国際調整委員会が設立された。

　一九八四年の第七回パラリンピックにあたる大会はＩＣＣのもとで、アメリカのニューヨーク州で切断者、視覚障害者、脳性麻痺者が参加する競技が開催され、イリノイ州では脊髄損傷者をはじめとする車いすユーザーによる競技が開催される予定だった。しかし、イリノイ州が財政難のために開催できなくなり、ストーク・マンデビルスタジアムが脊髄損傷者の競技を受け入れた。名称は「世界車いす競技大会」だった。

　この大会を最後に、パラリンピックの運営はストーク・マンデビル競技大会の関係者の手を離れることになる。ＩＰＣ・国際パラリンピック委員会が一九八九年に発足することが決まり、ＩＰＣの発足を見据えて一九八八年にＩＣＣによって開催されたのが、ソウルパラリンピックだった。一九六四年の東京以来、久しぶりにオリンピックと同じ都市で開催され、かつ、パラリンピックの名前が使われた。ＩＯＣ・国際オリンピック委員会が、オリンピックとパラリンピックを連動させた初めての大会でもあった。

　ＩＰＣの発足により、一九六〇年にローマで開催された国際ストーク・マンデビル競技大会が第一回パラリンピックと名付けられた。一九六四年の東京は第二回大会に位置付けられている。そしてソウル大会以降の大会名もパラリンピックで統一される。ただ、「パラ」は、東京大会の時に使われた意味とは異なり、障害者と共に歩む、共生するという理念と、オリンピックと対等の大会であるという意味を込めて、ギリシャ語のパラ＝Para（沿う、平行）から、「平行の」「同目的の」「相等しい」の意味で使われている。

「パラリンピックの父」と呼ばれるグットマンが、現在のパラリンピックの形を望んでいなかったのは皮肉でもある。それでもグットマンがいなければ、東京パラリンピックも、現在のパラリンピックも生まれていなかったのは間違いない。

海外選手の衝撃

一九六四年の東京パラリンピックは、その名称とともに、内容も現在のパラリンピックの原型と言える点で、歴史的にも重要な大会だった。同時に、日本で暮らす障害者の生活環境を大きく変えた。

少なくとも開催を契機に、スポーツによるリハビリが日本国内に普及したのは間違いない。加えて、あらゆる面で欧米諸国から遅れていた福祉政策を転換するきっかけを作ったといえる。障害者をめぐる環境は、欧米諸国と日本の間に大きな差があったことは、選手たちの状況を見れば明らかだった。

日本からはこの大会に五三人の選手が出場した。しかし、選手と言っても、療養所や病院のベッドでほぼ寝たきりで生活している人ばかりで、スポーツによるリハビリを始めたばかりの人を、無理やり出場させたような状態だった。神奈川県の関東労災病院や大分県の国立別府病院からは患者を、神奈川県の国立箱根療養所（現・国立病院機構箱根病院）からは旧軍人の脊髄損傷患者らを動員したが、成績はもとより期待できなかった。

　実際に大会が始まると、日本人の選手や関係者は、笑顔で颯爽と入場行進に臨む外国人選手の姿に大きな衝撃を受けた。病人として扱われている日本人選手に比べると、あまりにも明るい雰囲気だったからだ。そもそも、日本では患者が車いすに乗って自分で動かすこと自体が珍しかった。

　さらに競技のレベルも日本が到底及ばないほど高かった。特に男性の体格は上半身の筋肉がしっかりついた、たくましいものだった。

　競技をめぐっては、『中村裕伝』に次のようなエピソードも紹介されている。どの競技も日本チームが惨敗していたため、負けず嫌いの中村は耐え難くなった。そこで、密かにグットマンの宿舎を訪ねて、日本の車いすバスケットボールのチームを、一番弱い国と対戦させてもらえるように要請したという。それならということで日本はフィリピンチームと対戦することになった。しかし、大差をつけられて敗れる結果に終わった。

　また、同じバスケットボールでアメリカチームと対戦した時にも、あまりに弱くて試合にならなかったという。当時の新聞は次のように伝えている。

「日本がシュートに失敗すると「ワンモア」と相手のアメリカチームがもう一度シュートさせてくれるありさまだった」（朝日新聞一九六四年一一月一二日付夕刊）

しかも大会中、日本の選手だけ負傷者が相次いだ。海外の選手は一人が転倒して右手を捻挫しただけだったが、日本人選手は二人がアキレス腱を切る大怪我をして、あわせて一四人が負傷した。

海外の選手から受けた衝撃は、競技以外にもあった。それは日本の選手とは全く違う、活動的な生活を送っていたことだ。

海外選手はほぼ全員が、国家から支給された収尿器をつけていた。この収尿器がなければ当時は長時間の外出は難しかったが、日本にはそもそも収尿器がなかった。大会では日本人選手は、中村が大会直前にアメリカから緊急輸入したものを使った。加えて、収尿器をつけた海外の選手たちは基本的に社会復帰をして、仕事を持っていた。しかも、神父、弁護士、会計士といった専門職から、電気技師、溶接工、機械工などの技術者、それにセールスマン、記者、タイピストなど、障害のない人と変わらない職種である。欧米の多くの国は、車いすだからといって就職の際に差別されるわけでもなかった。

日本人選手はわずかに五人が木材店や時計修理店などの自営業を営んでいるだけで、ほかの四八人は医療関係者に面倒を見てもらっている生活だった。試合が終われば、療養所や病院に戻っていったのである。

井手は、試合が終わったあとも、活発に行動する外国人選手の姿を見て驚いたという。

「外国人選手はとにかく元気でしたよ。試合が終わるとタクシーを呼んで、渋谷に飲みに行っていました。ついていくのは、通訳のボランティアをしていた大学生です。当時日本赤十字社の青少年課長だった橋本祐《さち》子《こ》さんが、自分のネットワークで通訳をできる学生を集めてくれていました。このボランティアが選手にも好評で、選手が一緒に行こうと言って飲みに連れていったんですね。選手はしっかりお酒も飲んでいました。本当に、日本とこんなに違うものかと思いましたよ」

　試合が終わると背広に着替えて銀座に繰り出し、ショッピングを楽しむ選手もいた。日本の関係者の想像をはるかに超えた行動力だった。

　日本人選手も、自分たち障害者を取り巻く環境が、海外と大きく異なることを痛感せざるを得なかった。『東京パラリンピック大会報告書』には、参加選手の感想が掲載されている。開会式で選手宣誓をして、水泳とフェンシングで銀メダルを獲得した青野繁夫は、次のように記している。

「水泳、フェンシングとも銀メダルを得た事は、自分の努力が報いられたものだけに、今迄の病床生活を思い、心から喜びをかくし様がなかった。

　しかし、外国の選手のあの明るさは何処から来ているのか疑問に思ったのは私一人ではあるまい。勿論国民性もあろう。が、しかし国家の福祉制度の充実から、生活の安定があっての事である事には、間違いあるまい。日本の現状は所謂先進国との差が有りすぎる様な気がしてならない」

大会期間中にも、国に対する批判の声が上がっていた。朝日新聞は障害者対策の遅れを指摘。読売新聞には作家の水上勉が『日本の貧困を思う　パラリンピックに寄せて』と題した文章を寄稿し、日本の障害者が海外に比べてまったく社会参加が進んでいない現状を指摘した。「パラリンピックに際して、私は日本の貧困を思う」と結んでいる。

井手も当時の批判を覚えている。

「大会が終わったあと、私どもは大変だったんですよ。戦後二〇年近く経って、身体障害者福祉法というものがありながら、厚生省はいままで何をやっていたんだと大変怒られました。外国の選手は車いすに乗ってどんどん街に出て、飲みにいく。一方の日本の選手は病人ばかりです。その差をまざまざと見せられたので、それからはできるだけの改革をやろうと、死んだ気になって働きましたよ」

東京パラリンピックの開催には何とかこぎつけたものの、日本では障害者がスポーツをする環境も、障害者行政も、一九六四年の時点ではゼロに等しかったのだ。

「私たちはこの大会がうまくいったのかどうか、正直なところよくわかりませんでしたが、海外の選手は『とにかくよかった』と喜んでくれていました。

一九六四年の東京パラリンピックは、いま思えば中途半端な大会だったかもしれません。しかし、中途半端であろうと、選手が入院患者であろうと、日本にとってはあの大会がすべてのスタートでした。本当にあの時、東京パラリンピックをやってよかったといまでも思っています」

東京パラリンピックを出発点としてとらえていたのは、中村も同じだった。大会は第一部の五日間、第二部の二日間の日程を終え、一一月一四日に閉幕した。中村は日本選手団の解団式で、次のように述べている。

「社会の関心を集めるためのムードづくりは終わりました。これからは慈善にすがるのでなく、身障者が自立できるよう施設を作る必要があります。戦いはこれからです」（『中村裕伝』）

この発言には、中村の新たなる取り組みへの決意がにじんでいた。

「太陽の家」の創設

東京パラリンピックが終わったあと、中村は大会についての総括と、海外から参加した選手に実施したアンケート調査の分析結果を、『整形外科』（一九六五年四月・南江堂）に発表した。アンケートには一九三人の選手が協力している。脊髄損傷になる前にスポーツの経験があったと答えたのは、六〇パーセントにあたる一一八人。残りの四〇パーセントにあたる七五人は、以前はスポーツの経験がなかったが、全員が脊髄損傷後にスポーツを始めていた。

調査から得られた重要な事実は、八〇パーセントの人が、六か月から一年の入院で社会復帰をしていたことだった。日本の場合は入院したらそのまま一生を病院で送るケースが約半数という状態だったため、この差は大きかった。

さらに、就職についての調査では、日本の選手で仕事をしていたのは五三人中たったの五人だけだったのに対し、海外の選手は実に七〇パーセント近くが働いていた。特にスポーツによるリハビリが進んでいるイギリス、フランス、オーストラリアの選手の就職率は、九〇パーセントを超えた。

この調査ではっきりしたのは、日本の医療が海外より遅れていることだった。その現場に中村はいた。病院では、「家に帰っても就職先もなく、家族に邪魔者扱いされる」と言って、治療と機能訓練が終わっても、退院したくないと泣きつく患者は珍しくなかった。中村は同時に、肢体が不自由な子どもが入所する別府整肢園の園長も兼務していた。別府整肢園は現在の別府発達医療センターの一部門となっている。園では子どもたちは一八歳になると園を出なければならなかったが、就職率は一〇パーセントにも満たず、ほとんどの人が生活保護の対象になっていた。

身体に障害があっても、自立して、社会復帰できる道がないだろうかと、中村は医師の枠を超えてその方法を模索していた。

最初に考えたのは、職業訓練と生産活動を行なって社会復帰につなげる「善意工場」を、別府整肢園の付帯事業として設立することだった。全国の家庭から捨てられた衣類や家具、電気器具などの廃品を集めて作り替えて、特約店で販売するとともに、新製品も製造して売ることを考えた。これはアメリカのグッドウィル・インダストリーズ社が成功していた手法で、同じやり方を取り入れようとした。

考えつくとさっそく行動に移す中村は、一九六五年の七月頃から、青少年赤十字団などの協力を得て、別府市内と東京などで廃品を集めた。その結果、短期間のうちにかなりの量が集まった。ところが、集まったものは手がつけられないようなガラクタばかり。廃品回収業者も持っていかなかったようなゴミ同然のものが山のように積み上げられた。これではどうにもならないと、「善意工場」はすぐに断念せざるを得なかった。

次に、とにかく何か物をつくる工場にしようと考えた。中村と国立別府病院などの関係者は、別府市内をまわって仕事を探した。すると、別府市の伝統工芸品である竹細工の仕事を受注できることと、義肢をつくる構想がまとまり、「別府リハビリテーション・センター」として福祉法人を作ることで動き出した。国立別府病院の隣にあった企業の療養所の土地を買い取り、その場所に同年一〇月に開所することを決めて、中村は準備に取りかかった。九州大学の医局の後輩で、のちに中村とともに施設を支えていく医師の畑田和男や周囲にいる医療関係者を呼んでは構想を話し、協力してくれるように説得した。「善意工場」の設立を断念してからわずか三か月足らずで、新たな構想と体制をまとめ上げた。

開所の直前に、「別府リハビリテーション・センター」は、「太陽の家」と名付けられた。命名したのは、作家の水上勉だった。水上は東京パラリンピック開催前年の一九六三年には、『中央公論』六月号に「拝啓　池田総理大臣殿」を発表して、身体障害者の問題と日本の対策の遅れを指摘していた。東京パラリンピックの開催中に、日本の障害者政策は遅れていると読売新聞に寄稿したのも、障害者問題を取り上げる先駆者の一人だったからだ。

中村との縁ができたのは、一九六五年一月。水頭症と脊髄破裂症という重度の障害があった水上の二女が、別府整肢園に入所したことがきっかけだった。翌年には二女は国立別府病院で中村の手術を受けた。以後、水上は太陽の家の理事に就任するなど、中村の活動に協力していくことになる。

水上は英語の名称では一般の人にわかりにくいだろうと考えて、「太陽の家」と名付けた。シンボルマークのデザインは麦と太陽。麦のように踏まれても踏まれても、ぐんぐん成長することを目指すとの思いが込められている。

一九六五年一〇月五日、約一〇〇人の関係者が出席して、太陽の家の開所式が行われた。花火が上がり、大分県立ろうあ学校の生徒によるブラスバンドの演奏が行われるなど、華々しい式典だった。これも中村が考えた演出だった。

最初に入所したのは七人。脳性麻痺の青年は竹細工を作り、右手首切断の女性はミシンを踏み、車いすに乗った青年は義肢部で治療用のコルセットを作った。ただ、当初は入所者の労働による収入はごくわずかなものだった。

中村は太陽の家の創設にあたって、「障害者に保護よりも働く機会を」を理念に掲げた。目指していたのは、入所する障害者が、障害のない健康な人に匹敵する収入を得ることができる会社だった。その実現のために、様々な企業を訪れて、仕事を受注できるように交渉した。その結果、徐々に大きな企業から受注するようになる。のちのシャープである早川電機からは、電気ごたつを製造する仕事を受注。その後もクリーニングの仕事、カメラの部品づくりなどの仕事を増やしながら、作業場から宿舎、食堂、調理室、浴室などを備えた、障害者が仕事も生活もできる、日本で初めての本格的な福祉工場の建設を構想した。

福祉工場の建設にあたって、中村は補助金を獲得するために厚生省に赴いた。この時に厚生省で対応したのが、井手だった。福祉工場の建設は日本にまだ例がなかったため、国が支援する制度もなかった。そこを何とかこじあけようとする中村の交渉術を、井手はいまも鮮明に覚えている。いきなり厚生省に来たために面食らったという。

「大分県をすっ飛ばして、直接厚生省に来ましたね。国を先におさえれば話が早いと考えたのでしょう。それよりも驚いたのは、中村さんと一緒に水上勉さんが来たことです」

水上は、太陽の家の東京事務所を開設して、募金や寄付などの活動から入所者の確保まで、太陽の家をあらゆる方面から支援していた。

「大分県の担当者に断ってから来るべきだと言いたいところでした。補助金をつけることになれば、国が二分の一、県が四分の一を負担する仕組みですから。だから、まず県に話をするべきなんですが、水上さんが私の隣に座って話し始めたので、何も言えなくなりました。これも中村さんの作戦だと思いましたね。しょうがねえなと。でもね、予算はちゃんとつけましたよ。中村さんは悪いことをやっているのではなくて、いいことをやっているわけですから。スポーツによるリハビリも、社会福祉法人を作ることも、他の医者からは何をやっているのだろうと思われていたかもしれませんが、国を動かそうとする勇気は相当なものです。厚生省としても応援しましたね」

　中村と水上の交渉が国を動かし、福祉工場の建設を支援する制度が創設された。太陽の家には国から二〇〇〇万円、大分県から一〇〇〇万円の補助金が出て、一九六六年九月に第一期工事が完成。その後も多くの寄付や融資などを利用して、作業場、温泉プール、体育館などが増設されていった。

　太陽の家はその後、一九七二年に立石電機、現在のオムロンと共同出資してオムロン太陽電機（現・オムロン太陽）を設立したのを皮切りに、ソニー、ホンダ、三菱商事、デンソー、富士通エフサスなど日本を代表する大企業と共同出資会社をつくり、多くの障害者を雇用している。入所者が車いすバスケットボールや車いすテニスなどのスポーツを楽しむクラブも多数できて、国際ストーク・マンデビル競技大会にも選手を送り続けた。

　太陽の家は、二〇一九年一二月現在も一一〇〇人以上の障害者が在籍し、働き、スポーツを楽しみ、地域に溶け込んで暮らしている。大分県のほか、愛知県と京都府にも開所された。

一九六四年の東京パラリンピックでは、欧米に比べて日本は、障害者の社会復帰が全く進んでいないことが浮き彫りとなった。仕事と、生活、それにスポーツを、障害者が普通にできる社会を目指した中村の行動が国を動かし、その結果、障害者の雇用も福祉工場の整備も、日本国内に広がり始めた。これも、東京パラリンピックの開催によって、日本に起きた変化だった。

第三章 皇室と障害者スポーツ

◉東京パラリンピック歓迎レセプションで各国代表選手を激励する
皇太子・皇太子妃（当時）〈1964年〉

Paralympic Games and Japan
60 years of history and episodes unveiled

平成最後の天皇誕生日会見

東京パラリンピックが終わったあとに障害者のスポーツを国内に普及させるためには、医療関係者や厚労省職員、障害者団体など、様々な立場の人が関わった。

その中に、日本人なら誰でも知っている存在でありながら、東京パラリンピックから現在まで障害者スポーツの発展に尽くしてきたことについて、あまり知られていない人物がいる。歴史を語るうえで欠かすことができないその人物は、二〇一九年四月に天皇を退位した上皇と上皇后だ。

上皇が自ら語った、重要なお言葉からまず振り返ってみたい。二〇一八年一二月二〇日、天皇として迎える最後の誕生日の三日前に、事前の記者会見が開かれた。

宮内記者会からは「現在のご心境とともに、いま国民に伝えたいことをお聞かせ下さい」と代表質問があった。「この1年を振り返るとき、例年にも増して多かった災害のことは忘れません」と、多数の死者を出した西日本豪雨などの災害で命を失った人々に哀悼の意を表し、被災地の復興を願う言葉から語り始めた。続いて、譲位に向けた想いを次のように述べた。

「来年春の私の譲位の日も近づいてきています。私は即位以来、日本国憲法の下で象徴と位置付けられた天皇の望ましい在り方を求めながらその務めを行い、今日までを過ごしてきました。

譲位の日を迎えるまで、引き続きその在り方を求めながら、日々の務めを行っていきたいと思います」（宮内庁ホームページ）

このお言葉に続いて、沖縄の人々をはじめとする第二次世界大戦で犠牲となった多くの人々や、災害の被災者に心を寄せた。また、ともに務めを果たしてきた上皇后を労《ねぎら》った。約一六分間、時折声を詰まらせながら語られた言葉を覚えている人は多いだろう。

テレビや新聞の報道ではあまり大きくは触れられていなかったが、この会見では障害者のスポーツに言及した部分がある。それは始まって一〇分ほどが経過したところだった。

「障害者を始め困難を抱えている人に心を寄せていくことも、私どもの大切な務めと思い、過ごしてきました。障害者のスポーツは、ヨーロッパでリハビリテーションのために始まったものでしたが、それを越えて、障害者自身がスポーツを楽しみ、さらに、それを見る人も楽しむスポーツとなることを私どもは願ってきました。パラリンピックを始め、国内で毎年行われる全国障害者スポーツ大会を、皆が楽しんでいることを感慨深く思います」（同ホームページ）

障害者のスポーツについて触れた部分は一分弱。上皇のお言葉には多くのことが凝縮されている。まず、障害者のスポーツが、イギリスのストーク・マンデビル病院で、脊髄損傷患者のリハビリにスポーツを取り入れたことから始まった歴史を踏まえている。

さらに、障害者自身がスポーツを楽しみ、見る人も楽しむスポーツになることを願ってきたと表現していることにも注目したい。この言葉は見守ってきたという意味にとどまらない。背景には、皇太子の頃から時には自ら行動して、六〇年近くにわたって障害者のスポーツの発展のために尽くしてきた事実があるからだ。

上皇・上皇后と、障害者のスポーツとの関わりをよく知るのが、元宮内庁侍従長の渡邉允《まこと》だ。一九三六年五月生まれの渡邉は、一九五九年に外務省に入省。一九八七年に当時の皇太子・皇太子妃、現在の上皇・上皇后の訪米に随従した。その後一九九五年に宮内庁に移り、翌年の一二月から二〇〇七年六月まで、一一年にわたって侍従長を務めた。二〇二〇年三月現在も宮内庁参与を務めている。

天皇として最後の誕生日を前にした会見で、障害者のスポーツに触れた背景にあるものを、渡邉は次のように推し量った。

「『皆が楽しんでいることを感慨深く思います』と間接的なことをおっしゃっていますが、なぜ感慨深く思われたのかということですよね。それはやはり、一九六四年の東京パラリンピックの時に、皇太子殿下として名誉総裁をされた時に感じられたことから来ているのではないでしょうか」

前述の通り、上皇は皇太子時代の一九六四年、東京パラリンピックの名誉総裁に就任した。皇太子と皇太子妃は一九五九年に結婚し、徳仁《なるひと》親王（今上天皇）が一九六〇年に誕生している。名誉総裁は皇太子として初めてとなる、大規模な国際的行事での公務だった。

東京パラリンピックで皇太子は、第一部では五日間のうち四日間、第二部では二日間の日程の両日とも出席した。そればかりではなく、グラウンドに降りて、国内外の選手たちと積極的に会話をしている姿が、大会の報告書の写真に残されている。

「当時の日本では、障害者のスポーツの選手は、病院でリハビリを受けている患者でした。ところが、外国から来た選手は病人ではなく社会人だったのです。しかもスポーツを楽しんでいました。その様子をご覧になって、日本と他の国の間に大きな差があると思われたのだと思います。それから上皇陛下は具体的な行動もされてきました。長い年月の思いが、『皆が楽しんでいることを感慨深く思います』という言葉に込められているのではないでしょうか。お言葉の中でもとても大切な部分だと思います」

渡邉は著書や雑誌などで、上皇・上皇后と障害者のスポーツの関わりについて執筆している。宮内庁や当時の日本身体障害者スポーツ協会の資料を紐解いていくなかで、一九六四年の東京パラリンピックが実現した経緯に、上皇・上皇后が深く関わっていることがわかったという。

皇太子妃に東京パラリンピック開催の相談

東京パラリンピックが開催に至るまでには、これまで触れてきた通り、グットマンからの二つのルートでの働きかけがあった。

一つは、中村がストーク・マンデビル病院を訪ね、グットマンから研修を受けたことでできた縁だ。中村は脊髄損傷患者の治療とリハビリにスポーツを取り入れると同時に、国際ストーク・マンデビル競技大会に選手を派遣するなど、グットマンの要請を受けて東京パラリンピックの実現に向けて奔走した。

もう一つは世界歴戦者連盟の日本の理事で、戦争で片足を失った元海軍大佐の沖野亦男に、連盟の総会で面会したグットマンが直接開催を要請したことだ。

渡邉が説明するのは、この二つのルートとは別の接点だ。

現在では第一回パラリンピックと位置付けられている、一九六〇年にローマで開催された国際ストーク・マンデビル競技大会を、日本人の夫婦が観戦していた。共同通信社のローマ支局長だった渡辺忠恕《ちゅうじょ》と、妻の華子。華子はＩＬＯ・国際労働機関に勤務した経験がある労働問題や福祉問題の研究家で、ローマで国際ストーク・マンデビル競技大会を観戦したことを、日本国内での講演などで話していた。

ある時、聖心女子大学で福祉問題についての講義を担当したことで、大学の卒業生でもある上皇后、当時の皇太子妃と面会する機会があった。その際にローマで見た大会のことを説明し、日本でも開催ができないか相談したという。

「当時のことを調べると、上皇后陛下は渡辺華子さんの話を、ノートにメモをとりながら熱心に聞かれていたそうです。それから上皇陛下にお話しになり、当時の東宮大夫などともご相談されつつ、お立場上許される範囲でお知り合いのスポーツや福祉の関係者にもお話しされ、意見を聞かれました。これが両陛下が東京パラリンピックに関わられる端緒となりました」

上皇と上皇后は多くの関係者に相談し、のちに東京パラリンピック運営委員会の会長を務める葛西嘉資に話が伝わった。葛西が元厚生事務次官だったことから、上皇と上皇后はふさわしい関係官庁につながったと安堵されたという。

「渡辺華子さんが上皇后陛下、当時の皇太子妃殿下に相談し、両陛下が動かれたことが、一九六四年の東京パラリンピックの開催決定にどれほどの影響を与えたのかはわかりません。それでも、国内でいろいろな方が開催に向けて動いたなかで、一つの大きなきっかけだったのではないでしょうか」

渡邉は東京パラリンピックを開催するかどうかで関係者が大詰めの協議をしていた一九六二年に、上皇と上皇后の印象的なエピソードがあると明かす。

この年、中村や葛西の尽力によって、国際ストーク・マンデビル競技大会に日本から初めて選手二人を派遣したことはすでに触れた。二人は卓球に出場し、そのうちの一人は水泳にも出場している。上皇・上皇后は大会終了後、選手と関係者を東宮御所に招いて、大会の様子などを聞いた。その際に、上皇・上皇后が選手と卓球の試合をしたのだ。

「上皇后陛下は、大変苦戦して勝てなかったそうです。一方、皇太子だった上皇陛下は、ビシビシとコーナーをついて勝ちました。コーナーをつくということは、障害があって車いすを使っている選手にとって、受けにくいところを攻めたわけですが、厳しいところを攻めるのは実際の試合でも当然のことですよね。この時のことを知る方が『陛下のやり方は正しい。障害者だからといって手を抜くことは真面目に付き合っていることにはならない』と話したことを、のちに資料で読みました。本当にその通りだと思います。試合をするにあたって、まじめに勝負をされたのでしょう。陛下らしい交流だと思います」

上皇と障害のある選手との卓球については、井手も印象に残っている場面がある。井手は東京パラリンピック以降、厚生省に在籍していた時や、退官後に日本身体障害者スポーツ協会、現在の日本障がい者スポーツ協会の常務理事を務めていた間も、国際大会に出場した選手が東宮御所に招かれる時にたびたび同行した。ある大会の出場報告をした時、こんな出来事があった。

「当時は浩宮さま、現在の天皇陛下がまだ小学生だったと思いますが、選手と卓球の試合をすることになりました。その時に、当時の皇太子殿下が浩宮さまに『障害者でも真面目に競技しなさい』とおっしゃったそうです。障害があるからといって手を抜くべきではないということですね。障害のある人との付き合い方をそのように教育されているのだと思い、なるほどと思いました」

上皇は皇太子時代、国際大会に出場した選手と卓球を楽しむことがたびたびあったという。選手の話にじっくり耳を傾けて、一緒に汗を流す。国際大会に出場する選手の名前も覚えていた。

こうした経緯からは、上皇と上皇后は、日本で障害者がリハビリのためにスポーツを始めた当初から、選手や関係者と深く交流していたことがわかる。医師だった中村や、厚生省の職員だった井手とはまた違う立場で、日本の障害者のスポーツを草創期から支えていたのだ。

「全国障害者スポーツ大会」の生みの親

上皇は、一九六四年の東京パラリンピックに皇太子として名誉総裁に就任した。前述した通り、第一部は五日間のうち四日間を観戦。第二部は二日間とも会場を訪れている。一つのスポーツ大会にこれだけ皇太子・皇太子妃が関わるのはまれなことだろう。渡邉は当時の資料から、当時の皇太子・皇太子妃の熱心さを読み解いている。

「上皇・上皇后両陛下は会場に足を運ばれ、各種の競技を熱心にご覧になったそうです。さらに、競技をぜひ当時の天皇・皇后両陛下に見ていただきたいと考えられました。両陛下が叶わぬのであれば、皇后陛下御一方にでもご覧になっていただく可能性がないだろうかと、宮内庁長官に相談されたそうです。その結果、四日目の午後には、皇后陛下がアーチェリーと車いすバスケットボールの試合を観戦なさっています」

上皇・上皇后は当時、大会を観戦するだけでなく、来日したグットマンをはじめとする国際ストーク・マンデビル競技大会の関係者をもてなした。グットマンも上皇・上皇后の尽力に、感謝の言葉を述べている。

ここで触れておきたいのは、上皇・上皇后と障害者スポーツとの関わりは、東京パラリンピックだけに留まらなかったことだ。むしろ、東京パラリンピックが終わったあとから、さらに重要な役割を果たすことになる。

上皇は大会終了直後、今日に至るまでの障害者スポーツの発展にとって、極めて重要な発言をする。それは一九六四年一一月二四日に東宮御所で開催された、大会関係者を慰労する茶会の席でのことだった。

東京パラリンピックの報告書によると、当時の皇太子・皇太子妃は大会の運営に尽力した役職者と懇談し、各国の身体障害者の実情や国の施策について、熱心に聞き取っていた。その席で、皇太子が次のような発言をしたと記されている。

「今回のパラリンピックを見て、外国の選手は非常に明るく、体力も勝っているように感じました。日本の選手が病院や施設にいる人が多かったのに反して、外国の選手は大部分が社会人であることを知り、外国のリハビリテーションが行きとどいていると思いました。日本では身体障害者の正確な数は把握されていないと聞いていますが、このような企てが行なわれたことは、身体障害者の方々に大きな光明を与えたことと思います」

このお言葉からも上皇は当時、東京パラリンピックを通じて、日本と欧米諸国の身体障害者をめぐる状況に大きな差があると感じていたことがわかる。何よりも、身体障害者の福祉に深い関心を抱いていることが関係者にも伝わった。

さらに、大会が成功のうちに終わったことに感謝を述べながら、こう続けた。

「このような大会を国内でも毎年行なってもらいたいと思いますし、皆さまもこれから身体障害者の福祉向上のためさらにいっそう努力されることを希望します」

当時、全国規模で開催されるスポーツ大会としては、国民体育大会が一九四六年から毎年各都道府県の持ち回りで開催されていた。しかし、障害者のスポーツ大会で全国規模で開催されるものはまだなかった。各都道府県から五人程度の選手が出場した東京パラリンピック第二部の国内大会が、人数は少ないものの、事実上初めての全国規模と言える大会だった。この国内大会の継続を、皇太子が関係者に直接要請した形だ。

お言葉を受けて、東京パラリンピック運営委員会会長の葛西は次のように答えたという。

「国内大会は今後毎年国体のあとを追いかけて開催するようにいたしたいと思っております。こんごとも、わたくしどもは皇太子殿下の御趣旨に副いたてまつるよう身障者福祉のため最善を尽すことをお誓いいたします」（同報告書）

このやりとりから、全国規模の身体障害者のスポーツ大会を開催するために、関係者が動き出すことになった。

しかし、事は簡単には進まなかった。翌年の国民体育大会は、岐阜県で開催されることになっていたが、岐阜県庁が難色を示した。国民体育大会のあとに開催するとしても、残された時間はすでに一年を切っている。大会のための予算もなければ、運営する組織もない。岐阜県との交渉にも関わった井手は、当時の様子を次のように振り返る。

「国体のあとに障害者のスポーツ大会をやってほしいと岐阜県にお願いしましたが、『冗談じゃないですよ』と言われましたね。国体の秋季大会が一〇月なので、直後に大会を開催するにしても一年しか期間がないわけですから、『いまごろ言われても無理です』といった雰囲気でした。でもその通りでしょう。国体のために岐阜県の職員は三年も四年も前から準備をしていましたので、そんな余裕はなかったと思います」

岐阜県はなかなか開催を了承しなかった。東京パラリンピックの関係者が何度も足を運んでも、いつも答えは同じだった。その状況を知った国民体育大会の関係者も心配して、岐阜県に働きかけや説得をしたが、なかなか事態は進展しなかったという。

この膠着した状況を打ち破ったのは、障害者とその家族たちだった。

「岐阜県の身体障害者の団体が、自分たちの大会だからやろうと声を上げてくれました。当事者たちが運営を手伝うわけですから、岐阜県も断るわけにはいかないですよね。それで彼らが一生懸命動いてくれて、実現にこぎつけることができました」

大会を開催するめどが立ったことで、受け皿になる組織として前述の日本身体障害者スポーツ協会、現在の日本障がい者スポーツ協会が一九六五年に立ち上がった。東京パラリンピックの予算のうち残った約二一〇〇万円を元手にして設立された。全国組織ができたことで、全国の都道府県にも協会を立ち上げることが可能になり、限られた時間の中で、大会の準備が進められた。

　こうして第一回全国身体障害者スポーツ大会が、一九六五年一一月六日と七日の二日間、全国から五二三人の選手が参加して岐阜県で開催された。盲人卓球（現・サウンドテーブルテニス）を含む卓球と、陸上競技、水泳の三競技が実施され、水泳を除いて一人二種目まで参加できた。上皇は皇太子として開会式に出席するとともに、「選手の集い」を催して、地元から出場した選手を激励した。おそらく大会の開催のために立ち上がった人たちに、感謝の意を伝えたかったのではないだろうか。

　全国身体障害者スポーツ大会は、二〇〇一年にゆうあいピック・全国知的障害者スポーツ大会と統合され、全国障害者スポーツ大会に名前を変えて現在も続いている。参加する選手は毎年三〇〇〇人以上。国全体で開催され、これだけ規模が大きな障害者のスポーツ大会が五〇年以上にわたって続いているのは、おそらく世界でも例がないと考えられている。この大会の生みの親が上皇と上皇后だったのだ。

障害者のスポーツの発展のために自ら行動

　上皇と上皇后は、全国身体障害者スポーツ大会の開催を後押ししただけではなく、その後もかなりの思い入れをもって関わり続けた。

侍従長だった渡邉は上皇・上皇后から直接話を聞き、過去の記録を調べることで、大会に対するその熱意を強く感じていた。

「全国身体障害者スポーツ大会は、日本における障害者スポーツの出発点とも言うべき大会です。当時まだ皇太子・皇太子妃として三〇代に入られたばかりの両陛下が、お若い力を惜しみなく傾けられて、未知の分野に挑む関係者を支援し、励まし続けられたことに深い感慨を覚えました」

渡邉は大会にまつわる話をはじめ、上皇・上皇后と障害者のスポーツに関する秘話をいくつか挙げた。一つは、大会への出席に関して、宮内庁としては異例の対応を取っていたことだ。

「この大会へのご出席は、当時の宮内庁長官の方針では、初めの五年間だけということになっていました。しかし、福井県で開催された第四回大会のあと、障害者の間からなんとか再考を願えないかとの声が上がり、多くの署名が宮内庁に届けられたのです。この要望を受けて、両陛下のご出席は継続されました。それも出席されただけではなく、次第に増えていく競技のほぼすべてを観戦され、選手と役員との懇親会にも参加されていました」

上皇は天皇に即位した一九八九年に北海道で開催された大会まで、どうしても都合がつかなかった一九八八年以外は出席し、上皇后もほとんどの大会に同席している。

もう一つは、障害者がスポーツをするうえで困っている練習場所の不足を、少しでも解決できるようにと尽力したことだ。

一九四八年に初めてストーク・マンデビル病院で大会が開かれた時の競技は、車いすアーチェリーだった。障害者のスポーツにおいて車いすアーチェリーは、最も歴史が古い、主要な競技の一つだ。

　ところが、国内では車いすアーチェリーをしようにも練習場がなかった。その理由は、国民体育大会で実施される競技にアーチェリーがないためだった。そのことを上皇は憂慮し、水面下で働きかけたという。

「日本の弓道は一九四九年から国体に競技として存在しましたが、アーチェリーは一九七九年までは行なわれていませんでした。国体にアーチェリー競技があれば、全国に練習場ができますし、競技の性質からいって、立っていても車いすに座っていても、同じ場所で練習が可能です。それで陛下は国体の実施競技になるように働きかけたそうです。大学時代は箱根駅伝に出場した選手で、スポーツの振興に取り組んでいた参議院議長の河野謙三さんが陛下の思いを理解して、実現にこぎつけました」

　大物国会議員が動いたこともあり、アーチェリーは一九八〇年に栃木県で開かれた「栃の葉国体」で新たに競技に加わった。しかも、四人の身体障害者が出場した。この大会の直後に開かれた全国身体障害者スポーツ大会の開会式で、上皇は皇太子として次のようにお言葉を述べている。

「このたびの栃の葉国体には、国体種目として初めて加えられたアーチェリーに4人もの身体障害者が出場したことを聞き、私は心からうれしく思いました。これも全国並びに各地の身体障害者スポーツ大会の永年にわたる努力の成果のあらわれと思い喜びにたえません」（宮内庁ホームページ）

上皇の思いを、渡邉は次のように説明する。

「アーチェリーに限らず、障害者のスポーツは練習場を確保できないという問題があります。車いすバスケットボールでも、床に傷がつくからといって体育館を貸してもらえないケースがありました。両陛下は関係者が苦労していることをご存じで、心配しておられました。アーチェリーは具体的に行動を起こされた一例だと思います」

上皇と上皇后は、東京パラリンピックによって縁ができたパラリンピック発祥の地、ストーク・マンデビル病院のグットマンとの交流も続けていた。一九七六年六月には、ヨルダン、当時のユーゴスラビア、イギリスの三か国を国際親善の目的で訪問した際、ストーク・マンデビル病院とスタジアムを訪れて、グットマンと面会した。

この訪問の際に皇太子・皇太子妃を案内したのは、当時ストーク・マンデビル病院に勤務していた新藤信子だった。新藤によると、この日の訪問以外にもストーク・マンデビル病院に残るエピソードがあるという。

「グットマン博士が一九八〇年にお亡くなりになった時に、最初に弔電が届いたのが当時の皇太子殿下からでした。私がグットマン博士が亡くなったことを日本にいる中村さんに電話すると、すぐに宮内庁に連絡が入ったそうです。世界で最も早い弔電を皇太子殿下から頂いたことに、当時のスタッフは深く感謝していました」

ストーク・マンデビルスタジアムのビジターブックには、一九七六年に訪問したときの記録が残されている。そのページには、日本語で「明仁」「美智子」と直筆のサインが記されていた。病院にもスタジアムにも当時在籍していた職員はいないそうだが、弔電の記憶とともにサインはいまも大切に保管されている。

組織の発展にも尽力

上皇は一九八九年に皇太子から天皇に即位すると、全国身体障害者スポーツ大会など、障害者のスポーツ大会への出席は皇太子や秋篠宮に任せることとなった。しかしながら、天皇即位後も節目の大会には出席し、関係者との交流も続けた。

印象的なのは一九九八年三月に長野県で開催されたパラリンピック冬季大会。観客席で起きたウェーブに、当時の皇后が加わった場面を覚えている人は多いのではないだろうか。

大会七日目、アイススレッジスピードレースの女子一〇〇〇メートルで松江美季選手が金メダルを獲得した瞬間、満員のスタンドで発生したウェーブに、ロイヤルボックスで観戦していた皇后が両手を上げて参加した。皇后はその年の誕生日会見で、次のようにお言葉を述べている。

「ウエーブは、見るのもするのも始めてのことでした。不思議な波が、私たちの少し前で何回かとまり、左手の子供たちが、心配そうにこちらを見ておりましたので、どうかしてこれをつなげなければと思い、陛下のお許しを頂いて加わりました。私自身は、その後波が半周し、向かい側の吹奏楽団の生徒たちが、チューバやホルンをもってとびはねたのが面白く、もっと見たくて、次の何回かの波にも加わりました」（宮内庁ホームページ）

長野パラリンピックで選手村の副村長を務めていた井手は、このウェーブの舞台裏を次のように説明する。

「ウェーブが発生した時に、陛下のそばで説明していた当時の日本身体障害者スポーツ協会の北郷勲夫会長が、陛下から『あれはどうなっているんだ』と聞かれたので、波を流しているので陛下のところで止まらないようご説明したそうです。すると、上皇后陛下が手を挙げられたのです」

日本国内でパラリンピックが認知されたのは、長野での冬季大会が盛り上がったことが大きなきっかけと考えられる。このウェーブも大会を盛り上げた話題の一つとなった。

競技を観戦するだけでなく、選手との距離も近かった。渡邉は、侍従長を務めていた一九九九年に、障害者スポーツの各競技団体が開催した天皇即位一〇年を記念した大会に同行した際、上皇・上皇后が選手と親しげに話すことに驚いたという。

「江戸川区で開催された陸上競技大会の時は、最初は観客席の上にある貴賓席で座って見ていましたが、やがてグラウンドに降りていかれて、次はこっちを見ましょう、今度はこちらに行きましょうと自ら動いていかれるのです。競技のことも選手のことも、陛下が一番ご存じでした。驚いたのは、選手や監督、コーチ、関係者も陛下をよく知っている様子で、親しく話していることです。ずっとお付き合いをしているのでしょう。障害者のスポーツ大会は、会場に来ている人は選手の家族や友人、それに関係者が多く、家族的な雰囲気でしたが、陛下がその雰囲気の中でずっと選手と付き合ってこられたことを知りました」

おそらく上皇と上皇后は、日本の障害者のスポーツを最も熟知し、最も深く理解しているのではないだろうか。それは、障害者のスポーツの将来を気にかけて、行動していたことからも考えられる。

井手は、上皇が天皇に即位してまもなく、障害者のスポーツが日本体育協会、現在の日本スポーツ協会の傘下で発展できるように働きかけたと証言する。

「即位された二年目から、陛下は身体障害者スポーツ大会に出席することはなくなり、国体に出席するようになりました。それからまもなくの一九九二年頃だったと思います。国体を主催する日本体育協会の会長をしていた青木半治さんに、『障害者スポーツの面倒を見てくれないか』と直接おっしゃられました。それも一回ではなく、二回、三回と要請されたのです。青木さんはどうすればいいのかわからなかったので、私どもの協会と一緒に話をして、第二〇回日本車いすバスケットボール選手権大会を観戦しました。この大会には両陛下もお見えになっていました。試合が終わったあと、両陛下が長い間選手と会話をされるなど、熱心に関わっている姿を見て、青木さんも陛下の要請を受け入れてくれたのだと思います」

上皇の要請がきっかけとなり、日本障がい者スポーツ協会は、日本スポーツ協会の加盟団体となっている。上皇の尽力によって、障害者のリハビリから始まったスポーツがより発展していく道が開かれたと言える。

井手は上皇后に直接、感謝の意を伝えたことがあるという。競技団体の中でも歴史が古い日本車いすバスケットボール連盟の初代会長で、東京パラリンピックに選手として出場した浜本勝行が二〇〇八年に亡くなった時、京王プラザホテルで「浜本勝行さんを偲ぶ会」が開かれた。この会には上皇后、当時の皇后が出席していた。すでに日本身体障害者スポーツ協会を退職していた井手もこの会に出席し、上皇后と話をした。

「私は『身体障害者スポーツが今日あるのは、まったく両陛下のおかげでございます。本当に厚く御礼申し上げます』と申し上げました。上皇后陛下は『いいえ、そんなこと、ございませんよ』とおっしゃいました。でも間違いなく、障害者のスポーツのいまがあるのは、両陛下のおかげと言っていいと思います」

日本における障害者のスポーツの草創期から、関係者や選手を常に見守り、時には自ら具体的に行動を起こしてきた上皇と上皇后。全国障害者スポーツ大会の創設や、競技環境の整備など、障害者がスポーツを楽しむための基礎を作ったことは、関係者の心に深く刻まれている。

第四章
リハビリからスポーツへ

◉第1回極東・南太平洋身体障害者スポーツ大会(フェスピック)開会式〈1975年〉

Paralympic Games and Japan
60 years of history and episodes unveiled

障害者のスポーツを競技に変えた元教師

東京パラリンピックの開催から一〇年後の一九七四年五月、日本の障害者スポーツに大きな変革をもたらす施設が大阪にオープンした。その施設は、大阪市身体障害者スポーツセンター。全国初の障害者専用のスポーツ施設だ。長居公園の敷地内にあるこの施設は現在、大阪市長居障がい者スポーツセンターと名前を変えている（以下「長居スポーツセンター」）。

このスポーツセンターの開設は、大阪市の発案だった。当時、全国には大型のリハビリ施設の建設が相次いでいたが、大阪市はむしろ障害者のためのスポーツセンターの建設を優先しようと考えた。一九七〇年に大阪市立大学整形外科学教室の医師らを中心として調査委員会を発足。パラリンピック発祥の地であるストーク・マンデビルスタジアムの運営方法などを参考にしながら、整備が進められた。一方で、施設のハード面については、ストーク・マンデビルスタジアムはあまり参考にはしなかったとみられる。体育室やプール、卓球室、トレーニング室のほか、日本で人気があったボウリング室なども備え、日本の障害者にとって使いやすい施設を目指した。

もちろん、ハードができたからと言って、物事がうまく進むわけではない。この施設が画期的だったのは、スタッフをスポーツの指導者が占めたことだ。

この頃、障害者のスポーツは、まだリハビリの枠を出ていなかった。それは日本だけでなく、世界でも同じだった。関わっているのは医療や福祉の関係者がほとんどで、障害者のレクリエーションセンターのような施設はほとんどなかった。

そこで声がかかったのは、大阪市の中学校に勤務していた保健体育教員の藤原進一郎だった。藤原が教員を辞めて、長居スポーツセンターの指導課長に着任したことが、障害者のスポーツがリハビリからスポーツへと変わっていく大きな原動力となった。

藤原は一九三二年に岡山県で生まれた。高校を卒業後、岡山大学教育学部に進学。当時、師範学校の系統を汲む大学には二年の課程があった。藤原はこの二年課程で中学校の保健体育科二級普通免許状と、高等学校仮免許状を取得して、二〇歳から大阪市の中学校で働き始めた。

二〇代前半の頃は、保健体育の教員として働きながら、大学時代から続けていた陸上のハードルの選手としても活躍する。教員になってから大阪府選手権で三連覇。近畿選手権でも優勝し、日本選手権にも一度出場した。

けがをきっかけに二四歳で競技を引退したあとは、教員として指導と研究に打ち込み、大阪を代表する若手の保健体育教員として知られる存在となっていた。指導していた中学校の陸上部が大阪府の大会で優勝したほか、全国学校体育研究大会では研究発表の大役を任された。勤務した二校で全国表彰も受けている。陸上を中心に、様々な競技団体の関係者と人脈を築き、国民体育大会の大阪府代表の引率もしていた。

藤原が身体障害者スポーツセンターでの勤務を打診されたのは、開館まで半年弱に迫っていた一九七三年の暮れ。四一歳の時だった。

「あれは忘れもしません。寒い冬の日に、センターの館長と副館長に内定した人から大きな中華料理屋に飯を食いにいこうと誘われました。その料理屋で館長から、『まっしろな白壁に、思うように絵を描いてくれたらいい。あんたの思うようにやってくれ』と言われました。『福祉行政は自分たちがやる。医療の関係は大阪市立大学の医師と話がついている。あんたにはスポーツの事を頼みたい』と。この話を聞いて、おもろいなあと思いました」

　藤原が打診された理由は、学校とは別の活動で障害者のスポーツと接点があったからだった。この五年ほど前、藤原は当時の大阪市民政局から、長居陸上競技場の場長を通じて、全国身体障害者スポーツ大会の競技規則を整理する依頼を受けた。ルールブックがなかったので、陸上の審判のためにわかりやすくルールをまとめるボランティアだった。

「作ったけれども、医学用語がさっぱりわからなかった。それでも次の年の春に『お前が一番確かだ』と言われて、大阪市の大会の審判長をすることになりました。さらには一九七一年の和歌山国体のあとに開催された全国身体障害者スポーツ大会に選手の引率で参加しました。それで周囲が障害者のスポーツなら藤原、という雰囲気になってしまったのでしょう」

　藤原は障害者教育に携わった経験はなかったが、日本体育協会のトレーナー資格の一級・二級と、陸上競技の上級コーチの資格を持っていた。長居スポーツセンターの指導課長就任の依頼を受けた時、まだルールも定まっていない、誰も競技としての指導もしていない状態だった障害者のスポーツの指導に興味を持ったという。

「教師も二一年やりましたし、何よりも全国で初めての施設で、ゼロから作っていくところに惹かれましたね。すべてが初めてのことなので、気ままに何でもできると思った。それで妻には相談せずに、勝手に教師を辞めました。妻は『教師の嫁になったつもりだったのに』としばらく機嫌が悪かったですね（笑）」

当時としては、安定した公務員の教員から福祉施設への転身など考えられなかった。教員仲間からは「大学が二年課程なので校長になるのが難しいから辞めたのではないか」などと陰口も叩かれたという。しかし、そんな声はまったく気にしなかった。

半年後の一九七四年五月に長居スポーツセンターが開館すると、藤原は自らが考え出した方法で運営を始める。

その一つは、障害者が個人でふらっと来ても利用ができるようにすることだった。センターは体育館、プール、ボウリング室などを備えている。様々な競技を一人でも楽しめるように、卓球、バドミントン、水泳など、それぞれの競技に必ず指導員を配置した。団体利用も受け付けていたが、施設のすべてを貸し切りにすることはなく、プールであれば貸し切りは半分だけとするなど、あくまで個人の利用者を優先した。

もう一つは、国内大会や国際大会にも出場できるような選手を育成し、競技力の強化にも努力した。

各競技とも初心者のために、週に一回、一〇週間のプログラムのスポーツ教室を用意した。まず、利用者は教室に通うことで、そのスポーツの一通りのことができるようになる。スポーツ教室を終えて、さらにそのスポーツを続けたい人は、長居スポーツセンターのクラブに入会して、スポーツを続けることができる。

クラブには、スポーツ教室で基本を学んだ人や、大会への出場を目指す人などが入会している。クラブのメンバーで大会を開催するようになり、やがてほかの地域で同じ競技をやっている人たちと一緒に、近畿大会や全国大会を開催するようになっていった。クラブの運営や大会の開催は、長居スポーツセンターの職員がサポートした。藤原が教員時代から親しくしていた様々な競技団体との人脈を生かして、障害者のスポーツの競技団体が次々と作られていったのだ。

長居スポーツセンターのクラブが作った大会が、回を重ねるにつれて日本選手権に成長していった競技も少なくない。陸上、電動車いすサッカー、バドミントンなどの日本選手権は、スポーツセンターが発祥だ。水泳ではクラブが日本身体障がい者水泳連盟に発展するなど、全国規模の競技団体も組織されていった。

クラブに所属する優秀な選手は、国際大会に派遣された。藤原は長居スポーツセンターの開館からわずか二年後の一九七六年には、トロントで開催された国際ストーク・マンデビル競技大会、つまり第五回のパラリンピックに初めて選手を派遣。陸上の車いすスラロームに初出場した森本雅美が見事金メダルを獲得し、長居スポーツセンターが育てた選手が世界で通用することを国内外に示した。

　実際のところは、「すべての人を平等に扱わないといけない」という行政の方針から、一人の選手を集中的に指導するのは難しかった。しかし、施設自体を普及させるためにも、国際大会に出場するレベルの選手を育てることも必要だと考え、コーチをつけてマンツーマンで指導した。

「私の考え方がずるいのかもしれませんが、長居スポーツセンターを市民に、特に障害のある人自身に知ってもらうためには、多くの人の目に触れる必要があると思いました。それにはやはり、競技会で結果を出して、ラジオやテレビや、新聞に取り上げられることが早道だと思います。実際に森本選手はメディアで大きく取り上げられました。ただ、特定の人ばかりを集中して指導することはよくないと受け取る人もいます。そうならないように一般の利用者とのバランスをとりながら、選手を育成していました。それなりに結果も出て、トロントの翌年からは国際ストーク・マンデビル競技大会などの国際大会に毎年選手を派遣できました」

　大会に出場する選手を輩出する以外にも、利用者がスポーツを楽しめる施設にするために様々な工夫を凝らした。障害のため、通常の卓球のラケットをうまく使いこなすことができない人のために、四角い形をした大きなラケットを開発した。プールでは視覚に障害がある人が怪我をしないように、ゴールに取り付けるスポンジ製のタッチ板を独自で製作したほか、車いすを使う人がプールの中で休憩をとるための水中いすも考案した。

これらの器具は利用者のニーズに合わせて、藤原や職員がスポーツ用品を扱う業者とともに考えて開発した、すべてオリジナルだった。

藤原をはじめとする長居スポーツセンターの職員は、開発した器具を使ったスポーツの方法や、障害の種類に応じた指導法などを論文にまとめ、開館の翌年から研究紀要を発行している。教員時代から研究活動を活発に行なっていた藤原だからこそできることだった。藤原は障害者スポーツの指導書を、日本で初めてまとめた人物でもある。長居スポーツセンターから日本障がい者体育・スポーツ研究会が立ち上がり、現在も研究発表会を開催している。

開館当時は、指導員は大学の新卒者ばかりで、理学療法士、看護師、補助員を含めてわずか一人の体制だった。にもかかわらず、短期間のうちに施設利用、選手の育成、研究発表などで成果をあげていった。気がつけば長居スポーツセンターは、障害者のスポーツを牽引する日本の中心的な拠点になっていた。

日本から始まった国際大会「フェスピック」

藤原が大阪で障害者のスポーツの普及に取り組んでいた頃、大分では中村裕が新たな国際競技大会を立ち上げようとしていた。

大会の名前は極東・南太平洋身体障害者スポーツ大会「フェスピック」。極東アジアと南太平洋の国と地域を対象にした、身体障害者の国際スポーツ大会だ。新たに立ち上げたフェスピック連盟と日本身体障害者スポーツ協会、それに大分県身体障害者体育協会の主催で、第一回大会を一九七五年六月に開催することになった。

フェスピック連盟の会長には、中村が就任した。アジアやオセアニアの関係者と相談して立ち上げたこの大会の大きな目的は、発展途上国に、障害者のスポーツを普及させて、福祉の向上を図ることだった。

東京パラリンピック以降、日本の選手団は国際ストーク・マンデビル競技大会などの国際大会に毎回出場するようになった。しかし、それらの大会に参加する国は依然として欧米の国々が中心で、アジアや南太平洋地域では、まだ障害者がスポーツをする環境がない国がほとんどだった。中村は障害者の健康や生活向上のために、フェスピックを数年おきにアジア・オセアニアの国で開催して、障害者のスポーツを広げていく構想を持っていた。

フェスピックの運営方針には、それまでの国際大会になかったユニークな特徴がある。その一つは、どんなに貧しい国でも、小さな地方の都市であっても開催できる大会にすること。日本での第一回はそのモデルとするため、開催地を大都市ではなく、別府市の太陽の家と大分市にした。中村はこの翌年、香川県で行なった講演でフェスピックについて次のように語っている。

「やしの木の下でやしの浜辺でもやしの実をすすりながらでもできるような身障者のための大会にしてほしいと、どんな貧しい国でもホストカントリーになれるような大会にしてほしいということが、初めからの願い」（四国太陽の家設立準備委員会発行「四国太陽」第八号。誤字は筆者が正した）

もう一つの特徴は、あらゆる種類の身体障害者が参加できる大会にすることだった。国際ストーク・マンデビル競技大会はあくまで脊髄損傷者のための大会である。脊髄損傷だけでなく、そのほかの障害がある人もあわせて参加できる国際大会は、一九六四年の東京パラリンピック以降は開催されていなかった。中村は同じ講演でこうも語っている。

「私は身体障害者のスポーツは、何も車いすの人のためにだけやってはいかんということを、かねがね主張しておりましたし、私の恩師でございますグットマン博士がパラリンピックの生みの親でございますけれども、その先生にも何回も車いすだけでやってはいけませんと、切断、盲、ろうあ、ＣＰ（筆者注・脳性麻痺）などすべての障害者を一堂に会してやらないといけませんよ、ということを何回もお願いしたのですが、やはり非常に頑固な先生で、しかも自分が車いすのために始めたパラリンピックでございますので、なかなかうんと言っていただけず、まあ今日まで続いたわけでございます。しかし、それじゃいかん、という信念を私、変えませんで持っておりましたので、とうとうフェスピックのときには皆さんご存知のように車いすだけじゃなくすべての障害者を含めた国際大会が初めて別府・大分で開かれたわけです」

様々な障害のある人が参加できるスポーツ大会は、第一部で国際ストーク・マンデビル競技大会を開催し、第二部で脊髄損傷以外の身体障害者が参加する国内大会を開いた一九六四年の東京パラリンピックと同じである。つまり、中村は東京パラリンピックの流れを引き継ぐ国際大会を作ろうとしたのだ。

とはいえ、大会を実現するのは簡単なことではなかった。第一回大会は、開催にかかる費用と海外の選手の滞在費は、日本側が持つことにした。東京パラリンピックの九〇〇〇万円とほぼ同じ、八八〇〇万円に見積もられた予算は、国や大分県などの支援で目処がたった。しかし、途上国に参加を呼びかけても、「日本までの渡航費が払えない」と言って、断りの返事が相次いだ。障害のある選手を国際大会に出場させる財政力がある国は、当時のアジアや南太平洋地域にはわずかしかなかったのだ。

この状況を何とかしようと動きはじめたのは、中村を支援する人々だった。

中村が設立した太陽の家は、一九七五年に一〇周年を迎え、多くの企業が共同出資会社を設立しようと検討していた。

この頃ソニーが小型トランジスタラジオの製造を太陽の家に発注しており、一九七八年にはソニー・太陽を設立することになる。そのソニーの創業者の一人で、当時会長だった井深《いぶか》 大《まさる》が、フェスピックの支援に立ち上がった。

企業の関係者以外で中村の活動を外側から支えていたのは、日本の女性ジャーナリストの草分け的な存在だった秋山ちえ子だった。ラジオパーソナリティーを務めていた秋山は、太陽の家をラジオ番組などでたびたび紹介していた。

井深と秋山はフェスピックの支援のために「発展途上国をフェスピックに参加させる会」を結成。渡航費がなくて来ることができない国の選手のために募金運動を始めた。

秋山は毎年一二月に東京・世田谷で開催されるボロ市でバザーを開いて、家庭用品や企業から寄付された品物を売った。井深は様々なところに協力を呼びかけ、最終的には二五〇〇万円を集めることができた。秋山のバザーはその後も毎年開かれ、責任者にはのちに映画監督の松山善三や永六輔も名を連ねることになる。

フェスピックの実現には、地方都市ゆえのハードルもあった。当時の大分空港には国際線が発着していなかったので、税関がなかった。かといって、各国の選手が税関のある東京の羽田空港や福岡空港から入国しても、送迎できる体制がなかった。

そこで中村は、またも常識を破るアイデアを考えた。各国の選手はほとんどが香港に集まるため、日本から香港に飛行機をチャーターすることにした。全日空に協力を取り付けて、遊んでいる機体を、格安と言える一機三〇〇〇万円でチャーターできるように話をつけた。

さらに大分空港に臨時の施設を作って、その場で入国手続きをすることを模索した。当時の大蔵省（現・財務省）や厚生省、それに法務省などいろいろな役所がからむため、簡単にはいかないだろうと関係者は考えたが、中村はひるまずに突き進んだ。厚生省との交渉は、東京パラリンピックの運営委員会会長を務めたあと、日本身体障害者スポーツ協会の会長に就いていた葛西嘉資に依頼した。元厚生事務次官だった葛西は、後輩たちに無理を言って、大分空港に臨時の入国審査と税関施設を作る約束を取り付けた。

そこまではよかったが、大会直前に新たな問題が発生した。海外のほとんどの選手が香港に集まることになり、チャーター機が一機では足りなくなったのだ。

もう一機チャーターをお願いしても、全日空は首を縦に振らない。もう一機手配すると、通常運航している便にも影響が出かねないからだった。ところが中村はあきらめない。頼れる人がいれば、誰にでも遠慮なくお願いする。中村は当時運輸行政に影響力があった政治家にまで頼んで交渉し、結局二機チャーターすることで話がついた。医師の範囲を超えた行動力に、葛西も驚いていたという。

なんと中村は、選手が大分空港に着いた時、入国審査官の制服を着て、選手の入国手続きにあたった。一度に大勢の外国人が訪れたために入国審査官の人手が足りず、臨時で職員を兼ねていたのだ。制服を着た中村が、飛行機から降りた選手を笑顔で迎え入れる写真が、関係者のもとに残っている。こうした不可能と思われることを可能にする中村の行動力が、アジアや南太平洋で暮らす障害者にスポーツをする機会をもたらした。

第一回フェスピックは、一九七五年六月一日に大分市営陸上競技場で開幕。オーストラリア、バングラデシュ、ビルマ、フィジー、香港、インド、インドネシア、韓国、マレーシア、ネパール、ニュージーランド、パキスタン、パプア・ニューギニア、フィリピン、シンガポール、スリランカ、タイから一四八人の選手が参加。日本は大分県から四八四人、和歌山県、茨城県、千葉県、長野県、福岡県、兵庫県、山口県から五八人が参加した。

開会式には当時の皇太子夫妻が出席。中村が新たな国際大会を立ち上げたことを祝って、イギリスからはグットマンも駆けつけた。グットマンの来日はこの時が最後となった。

初日は大分市で、二日目と三日目は別府市で競技が行なわれた。東京パラリンピックの精神を引き継ぐ国際大会が、日本の地方都市からスタートしたのである。

本格的に始まった競技力強化

フェスピックは第一回を成功のうちに終えると、第二回を一九七七年にオーストラリアのシドニー郊外の町、パラマッタで開催した。日本選手団は、中村を団長に医療関係者と厚生省関係者が同行するのは従来と同じだったが、ここに新たにスポーツの指導者が加わった。その一人が、長居スポーツセンターから選手を連れてきていた藤原だった。

それまで国際大会に同行するスタッフは、医療や福祉の関係者だけだった。といっても、まずやらなければならない仕事は、飛行機から降りる時など、車いすの選手が自力で動けない場面で選手を担ぐことだった。そのような状況は日本だけでなく、アメリカやカナダ、イギリスでも同じだった。

その状況に変化の兆しが現れたのが、第二回のフェスピックだった。スポーツ関係者として初めて選手団に加わった藤原らには、コーチという役職がついた。当時のことを藤原が振り返る。

「コーチという言葉を使い始めましたが、基本的には中身は変わっていなかったと思います。僕の中では『担ぎ屋』と言っていました。でも、競技の関係者から初めてコーチとして参加したことで、だんだん選手団の監督とか、役職をさせられるようになってきたように思います」

この時期、障害者のスポーツを、競技として整備する必要に迫られていた。これは国際ストーク・マンデビル競技大会も含めて、世界共通の課題だった。フェスピックでも、第二回の開会式で、競技委員から「将来は技術委員会を置いて大会を運営していこう」と提案があった。

同時に、障害のあるスポーツに力を入れる国が増えてきて、競技力のレベルが全体的に上がってきた。日本も競技力を強化しなければ、なかなかメダルが獲れない状況になりつつあった。日本はこの動きに率先して対応しようとした。そのために中村が、競技としての整備と競技力強化の大役を委ねたのが、藤原だった。

藤原が初めてパラリンピックに同行したのは一九八〇年。オランダのアーネムで開催された大会に、コーチとして参加した。すると、競技場のスタンドで競技を見ているときに、中村がやってきて、隣に座って話しはじめたという。

「中村さんは、日本でも医療やスポーツ技術の専門委員会を立ち上げる必要があると話していました。そのうえで『技術委員会を立ち上げるときには頼む』とお願いされました」

この一言で藤原は翌一九八一年、日本身体障害者スポーツ協会に設置された技術委員会の初代委員長に就任。以後、藤原は競技のルールや指導方法などを整備しながら、国際大会に出場する日本選手団の監督や総監督に就任することになる。パラリンピックではバルセロナで監督、ソウル、アトランタ、冬季の長野で総監督。二〇〇〇年のシドニーでは団長を務めた。それまでは医師である中村が中心となって選手団を率いていたのに代わって、藤原が選手団を束ねて、競技力の強化も担うようになった。

藤原の役割は日本国内にとどまらなかった。藤原は一九八一年からフェスピックの技術委員会の役員を務め、一九九〇年からは委員長に就任する。しかし、参加国が増えていく中で、ルールを十分に理解していないチームも多く、フェスピックの運営は一筋縄ではいかなかった。

一九八六年にインドネシアの地方都市、スラカルタで開催された第四回フェスピックは、まさに「やしの木の下でもできる」を地でいくような大会だった。スポーツをする施設など、まったく整っていなかった。

スタジアムらしきものは一応あるにはあったが、トラックのコースラインが風によって巻き上げられ、走路が悪く使えなかった。そのため車いすのレースは、スタジアム前の道路を会場にした。ところが、熱帯で雨が多く、雨が側溝に流れるようにするため、道路の中央部分は高く、端にいくほど低くなっていた。実は日本の道路も、よく見れば同じように端の部分が低くなっている。しかし、スラカルタの場合は極端で、中央部分以外は傾斜がきつかった。この道路の形状により、中央部分のレーンを走った選手しかレースに勝てなかったのだ。

　競技が中断することもたびたびあった。その原因は、各国の選手も関係者も、ルールを理解していなかったことだ。

「陸上競技でスタートが遅れていると連絡があって駆けつけると、関係者がゴールのあたりで数人集まって話をしているんですね。随分長い間話をしていたので、何があったのかと聞いたところ、関係者がルールを理解できずに、その場で説明していたのです。万事こんな感じです」

　ちなみに、この大会では選手村もなく、選手と関係者はインドネシア陸軍の基地内にある粗造りの兵舎に滞在した。二段ベッドの横幅は寝返りもできないほど狭く、トイレは手酌式の水洗だったという。一九九〇年代まではストーク・マンデビルスタジアムで大会が行なわれる時も、病院の古い建物の大部屋が選手の宿舎として使われ、多数の選手と関係者が押し込まれる状態だった。国際的なスポーツ大会といえども、障害者の大会は選手が快適に過ごせない環境で行なわれていたのだ。

　フェスピックは選手の育成も大きな目的にしていた。一九八二年の第三回香港大会からは、参加する国と地域に対して、初出場の選手を三分の一以上とする規定を定めた。メダルの獲得を狙って約束を守らなかった国や、選手がそろわないために結果的に約束を守れない国もあった。それでも日本にとっては、この決まりが若い選手の育成と競技力の強化につながったと藤原は話す。

「日本はフェスピックを利用して、競技力を向上させた面があると思います。若い選手が次々と国際経験を積むことができました。パラリンピックよりもフェスピックの方が、日本にとっては手頃な国際競技大会だったと思います」

フェスピックは、太陽の家に事務局を置き、一九九四年の第六回北京大会から最後の第九回大会までは、太陽の家の理事長だった畑田和男が、フェスピック連盟の会長を務めて継続した。開催を重ねるにつれて、参加国は東南アジアに加え、パキスタンやキルギス、西アジアの国にも広がった。そして二〇〇六年にマレーシアのクアラルンプールで開催された第九回大会を最後に幕を閉じた。

フェスピックは新たに発足したＡＰＣ・アジアパラリンピック委員会によって、より競技性の高いアジアパラ競技大会に二〇一〇年から引き継がれた。現在では南太平洋地域は外れ、アジア全域をカバーする大会として発展を続けている。

世界初の車いすだけのマラソン大会

障害者のスポーツの競技レベルが向上していく過程で、中村の構想もさらに膨らんでいく。本格的な競技スポーツの大会として、車いすによるマラソン大会を開催したいと考えるようになった。

きっかけは、アメリカのボストンマラソンに、一九七五年から車いすの選手が参加し始めたことだった。この動きを知った中村は、日本でもマラソン大会に車いすの選手が参加できるようにしようと、一九八〇年、大分県内で開催されている別府大分毎日マラソンに車いすの選手五人の出場を申し込んだ。すでに一九七七年に別府市内で二・七キロのコースを往復する全国初の車いすロードレースを実現していたことから、それほど難しいこととは思っていなかった。

ところが、この申し込みは日本陸上競技連盟から断られる。「車いすは自転車と同じなのでマラソン競技とは一緒にできない」という理由だった。

中村はそれならばと、車いすランナーに限定したレースを開催することを考えた。翌一九八一年が国際障害者年だったこともあり、海外からも選手を招待して国際レースを開催することで大分県から了解をとった。

一九八一年一一月一日、一四か国の選手が参加して、世界で初めて車いすランナーだけが参加する、第一回大分国際車いすマラソンが大分市内で開催された。

ただ、第一回大会はハーフマラソンだった。道路使用の許可が下りなかったことや、障害者が車いすでフルマラソンを走って大丈夫なのか、誰もわからなかったからだ。中村はフルマラソンを実現するために、この大会でマラソンの効果を医学的に証明しようと考えた。第一回の大会前に「マラソン医学研究会」を発足させて、心電計を使って大会に出場した選手の心電図を測定し、データをとった。

第一回のレースは思わぬ展開となった。スタート直後からオーストリアのゲオルグ・フロイントとアメリカのジム・クナウブが激しく先頭を奪い合っていた。ところが、二人は先頭をキープしたまま、手をつないで一緒にゴールしてしまった。二人はそれまでに三回レースで顔を合わせていて、この大会でも一緒に走ろうと話し合っていたという。

主催者側は競技ルールにしたがって、フロイントがクナウブよりも〇秒一速かったとして、フロイントを優勝とした。しかし、クナウブは手をつないで同時にゴールしたのだから同時優勝だと主張して、二位のメダルを返上。二人で優勝カップを高々と上げるという一幕があった。

この事態に、中村は主催者として、「車いすマラソンは競技であり、レクリエーションではない。審判団が判定したルールに従うべきである」と見解を出した。車いすマラソンを、初めから本格的な競技として育てたかったのだ。

大会は毎年開かれるようになったが、翌一九八二年の第二回もハーフマラソンだった。この年の一〇月、中村は第一回大会での医学的な研究成果を、ギリシャのアテネで開かれた国際パラプレジア医学会で発表した。マラソンをすることで、通常は一分間に六〇ほどの心拍数が一七〇から一八〇に保たれること。それによって下半身の麻痺したところまで血液が循環し、全身に代謝が起きること。その結果、障害者の残存機能を強化する点で、ほかの治療法ではできない効果があることを科学的に立証し、その効果によって障害者のスポーツや職業の選択肢を広げることができると主張した。

中村は二回の開催実績と国際パラプレジア医学会での発表内容を踏まえて、一九八二年一二月、国際ストーク・マンデビル競技連盟に車いすマラソンを公認競技にしてほしいと申請した。新たな競技として認めるように求めたのだ。

大分国際車いすマラソンは、国際ストーク・マンデビル競技連盟の技術委員会と医学委員会などで検討され、公認の大会として承認された。そしてようやく一九八三年の第三回大会から、フルマラソンが実施されることになった。あわせて国際ストーク・マンデビル競技大会でも、新たな競技として取り入れることが決まった。

大分国際車いすマラソンは、二〇二〇年に第四〇回を迎える。競技力を向上するための器具の進化という点でも、大きな役割を果たしてきた。一九七〇年代後半のボストンマラソンでは、車いすの選手は重さが一四キロほどある生活用車いすで参加していたが、一九八一年に大分での大会が始まった頃から、レーサーと呼ばれる陸上競技用の車いすが世界各国で開発され、使用されはじめた。レーサーは空気抵抗を抑えるため、低重心・低姿勢の形状が基本だ。年々改良が加えられ、前方に一輪が突き出た三輪形式のものが主流になっていった。フレームもアルミ合金やチタン、カーボンファイバーなど軽量化が進み、高速走行を可能にした。大分で初めてフルマラソンが行なわれた第三回大会では、男子の優勝タイムは二時間を超えていたが、現在では一時間二〇分前後に縮まっている。中村が生み出した大分国際車いすマラソンは、世界のトップランナーが参加する大会に育ち、男子、女子ともに何度も世界記録を出した。大会は障害者の競技スポーツを象徴する大会に発展している。

グットマンと中村の死

障害者のスポーツが、リハビリから競技スポーツに変わりつつあった時期に、グットマンは他界する。一九七九年一〇月に重度の心臓発作を起こし、翌一九八〇年三月に心不全で亡くなった。享年八〇だった。

グットマンの墓は、ロンドン郊外にあるヨーロッパ最大のユダヤ人墓地にある。墓碑には名前に続いて、大英帝国勲章三等勲爵士を示す「Ｃ．Ｂ．Ｅ．」と、最も古い科学学会であるロンドン王立協会のフェローを表す「Ｆ．Ｒ．Ｓ．」の文字が刻まれている。

グットマンが亡くなったことで、国際ストーク・マンデビル競技大会は、脊髄損傷以外の障害者も受け入れることになったのは前述した通りだ。パラリンピックは一九八九年に発足した国際パラリンピック委員会によって運営されるようになる。

中村はグットマンの死をどのように受け入れていたのだろうか。中村の思いをうかがうことができるエピソードを、新藤信子が明かしてくれた。

大分で初のフルマラソンを開催した一九八三年、中村はストーク・マンデビル村を訪れていた。翌年の一九八四年に開かれるパラリンピックは分裂開催となり、六月一七日から二九日までアメリカのニューヨークで、七月二二日から八月一日までイギリスのストーク・マンデビルスタジアムで開催される予定だった。そしてストーク・マンデビルスタジアムでは、中村によって生み出された競技である車いすマラソンが、正式種目として採用されることが決まっていた。グットマンが生きていれば、どんな感想を抱いただろうか。

この時の中村の行動は、同行した新藤に強い印象を残している。中村はロンドンやストーク・マンデビル村でひたすら土地や建物を見て歩いていた。その理由は、イギリスに太陽の家を作ろうとしていたからだった。

「中村先生はイギリスに太陽の家を作りたいという考えをお持ちでした。何もない土地を見ては、『太陽の家をここに作りたいな』と話していました。『イギリスには障害者だけの工場がないからね』と、かなり本気の様子で、五か所か六か所は見てまわったと思います」

特に中村が気に入ったのは、ストーク・マンデビル病院に程近い場所にある空き地だった。

「病院のすぐそばの土地を見た時に、『ここに太陽の家を作って、僕がストーク・マンデビル病院の患者を引き受けてやる』と言っていました。おそらく、あの時のご様子だと、あと一、二年の時間があれば、本当に太陽の家をお作りになっていたと思います」

ストーク・マンデビル村に太陽の家を作って病院の患者を受け入れる構想は、中村がグットマンに恩返しをしたいと思っていたからかもしれない。実際にその頃、中村のもとには多くの国の関係者から、自国に太陽の家を作ってほしいという要望が寄せられていた。それならばまずストーク・マンデビル村に作りたいと考えたのは自然なことだろう。翌年のパラリンピックの開催にあわせて、その計画を打ち出したかったのかもしれない。

しかし中村は、太陽の家をストーク・マンデビル村に作ることも、翌年のパラリンピックで車いすマラソンを観ることも、どちらも叶わなかった。

一九八四年七月二二日。ストーク・マンデビルスタジアムでパラリンピックが開会したこの日、中村は自宅のベッドで苦しんでいた。五日前から腹痛を訴えて、次第に痛みがひどくなり、家族に見守られながら病床についた。前日からは時々目を覚ますものの、眠り続ける状態になっていた。

中村は二〇年近く前から肝臓病を患っていた。当時は手術を素手で行なっていたため、整形外科の手術でワイヤーが手に食い込むと、患者の血液が医師の体内に入ることが珍しくなかった。酒を一切飲まない中村だが、おそらく患者の血液が体内に入ったために、肝臓を患ったとみられていた。薬を飲み、検査をして様子を見ながらも、無理をして働いていた。

しかも中村は、太陽の家を開設する際に、国立病院を退職して大分市に大分中村病院を開業していた。国立病院の医師が営利目的の事業をすることは禁止されていたからだ。つまり、病院の経営から、太陽の家の理事長として運営業務や企業との交渉、障害者の社会復帰の支援とスポーツの振興に取り組み、さらにリハビリの研究発表や講演をこなすなど、常に忙しく動いて回る日々を過ごしていたのだ。

中村はパラリンピックが開かれているストーク・マンデビルスタジアムに行く予定だったが、容体が急変した。七月二三日の明け方には、意識がかなり朦朧とした状態になっていた。そして午前七時三〇分、肝不全により息を引き取った。享年五七だった。

中村の死は、パラリンピックの会場に伝えられた。各国から来ていた役員たちが中村の死を悼み、会場は悲しい雰囲気に包まれたという。

七月二四日には競技を中止して、午前一〇時から参加者全員が黙禱を捧げた。国際ストーク・マンデビル競技連盟会長のジョン・グラントは、次のような追悼の言葉を残している。

「彼ほどに、東南アジア汎太平洋地域に大きな影響を与えた人はなく、また彼のなしえた功績のかけらほどもなしとげる人はないだろう。（略）労働を重視する独自のビジョンも大きく育った。太陽の家は、彼の〝非凡さ〟を示すものといえる。フェスピック大会の創設も彼の関心と実行力とに負うところ多大で、きっとこの大会は彼の業績の記念碑として続いていくことだろう」（『中村裕伝』）

中村の葬儀は七月二八日午後一時から、中村家と太陽の家、それに大分中村病院の合同葬として別府市で行なわれた。葬儀委員長は、当時ソニーの名誉会長で太陽の家の会長も務めていた井深大。東宮御所からは皇太子妃のお手つみの生花が届けられ、天皇からは「正五位　勲三等瑞宝章」が授与された。皇太子・皇太子妃からのお言葉、常陸宮などの皇族、当時の中曽根康弘総理大臣など政界、官界、医学界、経済界、海外から三四〇〇通の弔電が寄せられ、三〇〇〇人以上が参列した。中村が国内外に与えた影響の大きさがわかる。

一九八〇年に「パラリンピックの父」グットマンが、一九八四年に中村が他界したことによって、パラリンピックの草創期とも言える時代に、一つの区切りがついたのだ。

第五章

「競い合う」パラリンピックと日本選手の躍進

◉シドニーパラリンピック、水泳男子50メートル自由形（視覚障害1）で優勝、ガッツポーズする河合純一〈2000年〉

and Japan
years of history
and episodes unveiled

メダルは「与えられるもの」から「獲得するもの」に

障害者のスポーツが進化していく中、パラリンピック自体がリハビリとしてのスポーツから競技スポーツの大会へと移行したのは、一九八四年にアメリカのニューヨークと、イギリスのストーク・マンデビル村で分裂開催された大会からだった。この大会ではニューヨークでは切断者、視覚障害者、脳性麻痺者が参加し、ストーク・マンデビル村では脊髄損傷者を中心とした車いすの競技が開催され、競技の運営方法に大きな変化が生じていた。

それまでの大会では、各競技は障害の種類別に実施されていた。それがこの大会以降、いくつかの競技は障害の分類を外すオープン化が進められた。アーチェリー、卓球、それにイギリス発祥のボウリングの前身とも言える競技のローンボウルが、障害の分類に関係なく行なわれた。

また、車いすバスケットボールや車いすフェンシングは、車いすユーザーであれば誰でも出場できるようになった。脊髄損傷以外の身体障害者が大会に参加できることに加えて、異なる障害のある選手が一緒にプレーできるようになったのだ。

この大会以降、競技は障害別ではなく、能力別にクラスを作って行なわれるようになる。つまり、選手がそれぞれの能力を生かして競い合う大会になった。メダルは障害ごとに与えられるのではなく、様々な障害のある選手たちが競って獲得するものに変わったのだ。この流れはソウルパラリンピックにも引き継がれた。同時に、パラリンピックに出場する選手たちはより技術を磨くようになり、大会の競技レベルもこの頃から飛躍的に向上していくことになる。

この変化に、日本の選手も追随していった。追随できた要因は、十分とは言えないまでも、国内に練習環境が整備されたことが大きい。その原動力となったのは、前述の大阪市身体障害者スポーツセンターの成功だった。長居スポーツセンターは順調に利用者数を伸ばすと同時に、国際大会でも好成績を残せる選手を育成するなど大きな成果を上げていたことから、障害者スポーツセンターが全国に整備されるようになった。一九八一年に愛知県名古屋市、一九八三年に広島市、一九八四年に東京都多摩市と福岡市に開設。一九九〇年までに一二か所、一九九八年までには合計二二か所にできた。これらのスポーツセンターが拠点になって、パラリンピックに出場する選手が育っていった。

あわせて、スポーツの指導や、大会の運営に関わる人材の育成も進められた。井手精一郎が厚生省を退職して、一九八一年から常務理事を務めていた日本身体障害者スポーツ協会では、一九八五年に「身体障害者スポーツ指導者制度」を創設した。一九九三年からは大学や短期大学、専門学校で規定の単位を習得すると、資格が付与される認定校制度もできた。

この制度によって、資格取得者も指導者も確実に増えた。「日本障がい者スポーツ協会公認障がい者スポーツ指導員」には、二〇一九年六月三〇日現在、二万五七八六人が登録している。

環境整備が進むにつれて、競技団体も増えていく。一九七〇年代までに立ち上がっていた競技団体は、一九六三年設立の日本ろうあ体育協会、一九七三年設立の日本身体障害者スキー協会、一九七五年設立の日本車いすバスケットボール連盟、一九七六年設立の日本身体障害者アーチェリー連盟だけだった。それが一九八〇年代には卓球や水泳など七団体が結成され、一九九〇年代にはさらに三〇団体以上増えた。現在パラリンピックで開催されている競技の団体は、この頃にほぼ設立されている。

その結果、パラリンピックで日本選手団は、参加国全体でトップを争うとは言えないまでも、メダル獲得数の順位を徐々に上げていく。

金メダルの数と、メダルの総数でみた順位は一九八四年のニューヨークとストーク・マンデビル村での大会では金九個、メダル総数二四個で、参加五四か国・地域中で二二位だった。それが、一九八八年のソウル大会では金一七個、メダル総数四六個で、参加六一か国中では一四位に上昇する。

一九九二年のバルセロナで金八個、参加八三か国・地域中一六位と実質的に順位を上げると、一九九六年のアトランタでは金一四個を獲得するとともに、参加一〇四か国・地域中で一〇位となり、過去最高の成績を収めた。パラリンピックにおける日本の競技力は、アトランタで世界の上位に食い込めるようになっていた。

とは言うものの、その活躍は日本国内ではあまり知られていなかった。日本選手は競技力を向上させていたが、一九六四年の東京パラリンピックから長い時間が経ったこともあり、パラリンピックは日本国内ではメディアに取り上げられることもほとんどなくなっていた。忘れられつつあったと言っていいかもしれない。

その状況を変える若きパラアスリートが、一九九二年のバルセロナ大会に初めて出場し、一九九六年のアトランタ大会で大活躍をする。彼はのちに日本だけでなく、世界を代表するパラリンピアンとなる。河合純一だ。

一七歳が感じたパラリンピックの衝撃

一九九二年九月。弱冠一七歳、高校二年生ながら水泳の日本代表に選ばれた河合は、パラリンピックについてまだよく知らないまま、バルセロナへと向かう機上にいた。

「当時は国内線の飛行機に一回しか乗ったことがなく、海外に行ったこともなかったので、パラリンピックの代表に選ばれたのは、クイズで海外旅行が当たったような気分でしたね」

河合は一九七五年生まれ。静岡県舞阪町、現在の浜松市で育った。先天性のブドウ膜欠損症のため、生まれつき左目の視力がなく、右目の視力も〇・一しかなかった。両親は河合が幼少の頃から体操や空手、そろばんなど様々な習い事をさせていたが、その中で五歳の頃から続けていたのが水泳だった。

中学では地元の公立中学校である舞阪中学校で水泳部に所属。しかし、三年生の時、網膜剝離によって右目もまったく見えなくなり、失明する。それでも水泳はやめなかった。まっすぐ泳ぐことが困難になったために、コースのロープに肩や手をぶつけて擦り傷だらけになりながらも、一日二、三時間、距離にして七〇〇〇メートルから八〇〇〇メートルを泳ぐ練習を毎日続けていた。

　将来は学校の教師になるという夢を持っていた河合は、東京の筑波大学付属盲学校高等部に進学し、寮生活を送った。学校には一二メートルのプールしかなかったが、偶然、水泳を専門とする教員が入学の前年に赴任していたことで、本格的に練習に取り組むことになる。学校以外にも週に五日か六日は東京都障害者総合スポーツセンターに通って練習し、国内の大会に出場するようになった。

　パラリンピックの存在を知ったのは、ある日、教員から「目指したらどうか」と言われたことがきっかけだった。河合は最初「海外の大会に出場できる」といった程度の感覚だった。ただ、インターネットもない時代、どうすれば出場できるのかわからなかった。そこで河合は国内の大会に出場した際に、役員に出場権を得る方法を聞き、必要な実績を積むためにハードな練習に取り組んだ。障害者の大会で国内のトップに立つ必要があったが、小学生の頃には全国大会に出場した経験もある河合は、誰よりも速くなりたい一心で豊富な練習量を積み上げることができた。その結果、各大会で好成績を残し、代表の一人に選ばれたのだ。

河合にとって、バルセロナパラリンピックは初めての国際大会だった。バルセロナに到着して、水泳の会場に足を踏み入れた時の感覚は、いまも忘れられないという。

「バルセロナは、自分にとって大きな衝撃でした。当時、日本国内で開かれた障害者の水泳の大会には観客はほとんどいませんでしたし、ウォーミングアップをするプールもないような会場で試合をしていました。それが、巨大な競技場に多くの観客が詰めかけているわけです。まったく違う雰囲気、別次元でした」

この頃にはパラリンピックの規模も大きくなり、世界ではメジャーな大会として認識されつつあった。しかも、会場となったプールは、直前まで開かれていたオリンピックで、一四歳の岩崎恭子が二〇〇メートル平泳ぎで金メダルを獲った場所。河合は世界大会の雰囲気を初めて味わった。

「岩崎恭子選手が金メダルを獲ったプールで、自分も世界のライバルと戦うことに、非常に興奮しながらスタート台に立ったことを覚えています」

河合はこの大会で五〇メートルと一〇〇メートルの自由形で銀メダル、他の三種目で銅メダルを獲得した。金メダルには届かなかったが、高校生が五個ものメダルを獲得したのは、日本の選手では初めてだった。

金メダルを獲れなかった悔しさがあったのかと河合に聞くと、満足感が上回っていたという。

「ライバルの選手は世界記録保持者でしたので、この大会で金メダルを獲るのは難しいだろうと思っていました。むしろ初出場でメダルが獲れたことで満足感がありました」

　さらに河合は、パラリンピックの表彰台で感じた驚きと、同時に抱いた素朴な疑問が、その後の選手生活にも大きな影響を及ぼしたと振り返る。

「表彰台に上がって、大きな声援を受けたことに、新鮮な驚きを感じました。スポーツのトップを競う大会で、選手が最高のパフォーマンスを発揮して、観客から大声援が送られる。これが当たり前の姿なんだと思いました。その時に、なぜ日本の障害者のスポーツはこうなっていないのだろうという疑問を抱いたのです。僕がメダルを獲ったことも、新聞にはわずか二行の記事が載っただけです。観客数も報道のされ方も、ヨーロッパやアメリカとは違いすぎる日本の状況を変えたい。世界とのギャップを埋めたいと考えた瞬間でした」

金メダルをつかんだ練習環境

　銀メダルと銅メダルあわせて五個を獲得したといっても、河合は世界に対して高い壁を感じていた。一九九六年のアトランタ大会を目指すことを決めた河合は、高校卒業後、早稲田大学教育学部に進学する。教員になるための勉強と、パラリンピックで金メダルを獲るために選択した進路だった。

　入学当初はそれまで通り障害者スポーツセンターで練習をしていた。それが、あるきっかけで、よりよい練習環境を手に入れることになる。

大学一年生の時、河合はマルタ共和国で開催されたＩＰＣの世界選手権で優勝する。その結果を大学に報告に行くと、教育学部の学部長が水泳部の部長だったこともあり、埼玉県所沢市にある大学のプールで、水泳部とともに練習することを勧められた。

早稲田大学の水泳部は、一九〇五年に「游泳部」として創部。一九二四年には水泳部に所属していた高石勝男が、パリオリンピックで一〇〇メートルと一五〇〇メートルの自由形で五位に入賞した。これは日本水泳のオリンピック初入賞だった。その後も数多くのオリンピック選手を輩出した名門だ。

河合は世界を目指す選手たちと、日本水泳連盟公認の五〇メートルプールで一緒に練習できるようになったのだ。

「水泳部のプールで、障害者ではないトップレベルの選手たちと一緒に練習する環境は、非常に刺激的でした。練習環境というと普通は施設面をイメージすると思いますが、指導者や仲間の存在がとても重要だとその時に感じました。それと、やはり練習の量と質は、競技力に比例するとは言いませんが、相関関係がかなりあります。大学のトップレベルの選手たちと同じ量と質の練習ができたことが大きかったですね。いろいろな方法を組み合わせて、自分ならではの練習方法を確立できたことが、記録を伸ばすことができたポイントではないでしょうか」

大学三年生になった一九九六年、二度目のパラリンピックとなるアトランタ大会に出場する。

充実した練習ができたことで、自信もついていた。

「とにかく金を一個獲れればというつもりで、勝負に行きました」

結果は、五〇メートル自由形と一〇〇メートル自由形で見事金メダル。一〇〇メートル背泳ぎでは銀、二〇〇メートル個人メドレーでは銅と、すべての色のメダルを手にした。

金メダルをつかんだ時、河合は恵まれた環境で練習できたことは、周囲の支えのおかげだと強く感じた。

「バルセロナからアトランタにかけて、四年間で実に数多くの人に出会ってお世話になりました。そういう中で、もしも僕の結果が二位だったら、お世話になった人たちがなんて思うだろうかと考えましたね。せっかく関わってきたのに優勝できなかった、要するに力になれなかったとその人たちが思うんじゃないかと、脳裏をよぎりました。それはプレッシャーとかネガティブなものではなくて、その人たちがいたから頑張れるんだと思いました」

河合だけではなく、アトランタパラリンピックの日本選手団の活躍にはめざましいものがあった。同じ水泳では成田真由美が金二個と銀二個、銅一個と五個のメダルを獲得。選手団全体のメダルは金一四個、銀一〇個、銅一三個。前述の通り、メダルの獲得数順位は参加一〇四か国・地域中一〇位と、過去最高の成績を上げた。

パラリンピックについての日本国内の報道も、二〇二〇年の状況に比べればわずかなものであるが、河合自身、四年前のバルセロナよりも取材を受ける機会が増えた。取材を受けながら、パラリンピックをメディアが伝えることの意味を考えるようになったという。

「アトランタは帰国してから首相官邸に呼ばれて、当時の橋本龍太郎首相から銀杯をいただいたこともあって、わりと大きく報道されました。それからは回を追うごとにパラリンピックの報道は増えていきました。でも、メディアの取材を受けながら感じたのは、媒体にもよりますが、それぞれの作り手の思いが入る部分が大きいのかなということです。思い入れのある方が作り手の場合は、その人が感じたことや気づいたことを社会に向けて伝えてもらうことができます。ところが評価軸が視聴率だったり、いまだとウェブサイトのページビューの数だったりすると、そもそもパラリンピックは取り上げてもらえないですよね。おそらくバルセロナやアトランタの頃はそう判断されていたのでしょう。逆に言えば、メディアの皆さんが書いた記事や、作った番組がきっかけとなって、社会が変わるかもしれないと思いましたし、変わってほしいと思っていました」

トップレベルの選手の競技力向上は、その競技のすそ野を広げることにつながる。河合をはじめとするアトランタパラリンピックでの日本選手の活躍は、パラスポーツの普及が進む力になりつつあった。

ただ河合は、パラリンピックをもっとメディアに理解してもらうためには、自らも発信していく必要があると感じていた。河合は大学卒業後、教員になる夢を叶え、当時全国唯一の全盲の公立中学校教員となる。母校の舞阪中学校に勤務しながら、二〇〇〇年のシドニーパラリンピックに日本選手団の主将として出場。五〇メートル自由形と四〇〇メートルメドレーリレーの金メダルと、三個の銀メダルを手にした。

河合はアトランタやシドニーで金メダルを獲るまでの経験を、自らの著書をはじめ、様々な媒体で発言するようになる。自らの生活から練習の状況、障害者をめぐる状況についての疑問などを、積極的に発信するパラリンピアンとなっていく。河合の行動力と発信力は、やがて日本のパラリンピアン全体から、必要とされる時期がくることになる。

第六章

長野パラリンピックの光と陰

◉長野パラリンピック、アルペン（チェアスキー）滑降女子で優勝した大日方邦子とアイススレッジスピードレース女子500メートルで優勝した松江美季〈1998年〉

60 years of history
and episodes unveiled

長野冬季パラリンピックの開催決定

ここまでパラリンピックの夏季大会を中心に触れてきたが、パラリンピックには冬季大会もある。冬季大会は、夏季大会の参加国が増加してきたことを受けて開催の機運が高まり、一九七六年にスウェーデンのエンシェルツヴィークで初めて開催された。冬季大会は第一回大会から切断などの脊髄損傷以外の障害者が参加できた。

それからは夏季同様に四年に一度開かれ、一九八〇年はノルウェーのヤイロ、一九八四年と一九八八年はオーストリアのインスブルックで開催。一九九二年のフランス・アルベールビル大会から、冬季オリンピックと同じ都市で開催されることになった。

しかし、日本から冬季大会に出場する選手はわずかだった。一九七六年の大会に出場したのはたった一人。日本選手団としては不参加で、個人参加だった。以後、一九八〇年は五人、一九八四年は一二人。一九八八年は一四人で、この大会で日本選手としては初めて、二人が銅メダルを獲得した。

選手がほとんど増えていない状況にもかかわらず、日本にとって大きな転機が訪れる。それは一九九八年の長野パラリンピック冬季大会の開催だ。

長野での冬季オリンピックとパラリンピックの開催が決まったのは一九九一年。パラリンピックの冬季大会が開かれるのはアジアでは初めてだった。長野で行われる競技は、アルペンスキー、クロスカントリースキー、バイアスロン、アイススレッジスピードレース、アイススレッジホッケーの五競技。とはいえ、一九九一年の時点で、日本には実際に競技をしている選手はほとんどいなかった。

このため、長野に向けては、競技力の強化と同時に、選手の発掘も行なわなくてはならなかった。本格的な強化は、ノルウェーで開催された一九九四年のリレハンメルパラリンピックから始まった。この大会で日本選手団は、若くて経験が浅い選手を代表に抜擢。国際大会の経験を積ませることで、長野パラリンピックにつなげようとしていた。リレハンメル大会でも日本選手団は金メダルを獲得することはできなかったが、銀三個、銅三個と、メダルは過去最多の六個となった。

競技力強化という点では、一九九一年から始まった日本国内最高峰のパラスポーツ大会、ジャパンパラリンピックも取り組みの一つだった。現在はジャパンパラ競技大会と名前を変えたこの大会は、競技ごとにそれぞれ開催され、選手たちの記録を国際公式記録として公認する場となった。まず夏季の競技である陸上競技と水泳の大会が始まり、長野パラリンピックを見据えて一九九四年からスキー、一九九五年からアイススレッジホッケーとアイススレッジスピードレースも開催されるようになった。

それでも選手の発掘は遅々として進まなかった。このためリレハンメル大会のあとには、夏季パラリンピックの競技に取り組む選手にも声をかけた。冬季の競技への転向、もしくは兼務を勧めたのである。

結果的に、いずれの施策も功を奏した。一九九八年三月五日に開幕した長野パラリンピックでは、日本選手団は藤原進一郎総監督のもと、過去最多となる七〇人の選手が出場。選手たちは輝かしい成績を残した。日本は金一二個、銀一六個、銅一三個の合計四一個のメダルを獲得。リレハンメル大会でメダル獲得数順位は一八位だったが、一気に四位と世界のトップレベルに躍進した。

そして、選手たちの活躍によって、パラリンピックが初めて日本国内で盛り上がりを見せたことも、トピックスの一つだろう。大会期間中一五万人以上が会場で観戦し、テレビ・新聞などメディアにも大きく取り上げられた。この大会でパラリンピックを初めて知った人が多かったのではないだろうか。パラリンピックの知名度が劇的に上がった大会だった。

同時に、長野パラリンピックは、終わった直後に大きな課題を選手に突きつけた大会でもあった。二人の選手を通して、長野パラリンピックの光と陰をみていきたい。

冬季大会で日本初の金メダル

長野パラリンピック開会式の翌日、一九九八年三月六日。当時二五歳の大日方《おびなた》邦子は、アルペンスキーの座位・滑降のスタート地点に立っていた。座位はチェアスキーと呼ばれる用具を使う。一本のスキー板の上に、座ったようなスタイルで滑走する。バランスを取るのが難しい体勢で、猛スピードでコースを滑り降りる競技だ。ゴールエリアははるか下で、そこにどれだけ観客がいるのか大日方にはわからなかった。スタート直前、配置についたコーチから無線でアドバイスをもらっていると、ゴールエリアにいるコーチから「この歓声を聞いてごらん」と言われた。すると、無線機の向こう側から「おおーっ」とまるで地鳴りのような、大きな歓声が上がっているのが聞こえた。それは自分に向けられた声援だった。この歓声を聞いて初めて、自分のレースを前に、会場が盛り上がっていることを知った。

「みんながお前を待っているぞ。思いっきり滑ってこい！」

　コーチの声で、スイッチが入った。

「その大歓声の中に行ってみたい。そんなに大勢の人が待っているのなら、行かなきゃ駄目でしょ！」

　気持ちが解放されたかのように、ハイテンションになって、スタートを切った。集中力が高まっていたのだろう。まるで一筋の線が引かれているように、自分が通るべきラインが光って見えたような気がした。途中で転倒しそうになったが、「まだ諦めない」と強い気持ちで踏みとどまり、落ち着いてリカバリーすることができた。そのまま最後までスピードを落とさずにゴール。会心の滑りだった。

この時点では順位はわからなかった。しばらくレースが進み、次々と選手たちがゴールを駆け抜けていくと、いまだに自分の名前が一番上にあることに気付いた。

「あれっ、まだ私の名前とタイムが上にある。これはもしかしたら、三番目に入れるかしら」

そんな感じでレースを見ていると、ついに、レースは一人の選手を残すのみとなった。その選手は優勝候補のサラ・ウィル。ゴールして、タイムが出た瞬間、たくさんの人が大日方に駆け寄ってきた。大日方の記録がトップを守り、金メダルが確定したのだ。みんなで抱き合って、涙を流した。大日方が振り返って観客席を見ると、みんな立ち上がって喜んでいる。冬季パラリンピックで日本人初となる金メダルの獲得に、日本中が歓喜した瞬間だった。

大日方は当時をこう振り返る。

「会場の盛り上がりには、本当にびっくりしましたね。テレビで速報が出たこともあとから聞きました。一夜にして世界がガラッと変わったみたいな感じです。スタートする前は誰も私のことを知らなかったのに、会場にいた人やテレビを見た人がみんな私を知っている。何よりも驚いたのは、それまではほとんどの人が知らなかった『パラリンピック』という言葉を、大会が終わったらみんなが知っていたことです」

長野パラリンピックで冬季大会日本人初の金メダルを獲得し、一躍時の人となった大日方は、日本が前回のリレハンメル大会以降、強化してきた選手の一人だった。

大日方は一九七二年に東京都で生まれた。三歳の時に交通事故で負傷し、右足を切断。子どもの頃から義足をつけて生活していた。スキーには一〇歳の頃から憧れがあったという。たまたまテレビで見て「かっこいいな」と思い、自分にもできるか医師に尋ねたところ、「自分の娘なら絶対やらせない」と言われてあきらめていた。しかし一六歳の時、横浜市のリハビリテーションセンターで偶然チェアスキーを見る。「これならできるかも」と思った大日方は、年に一回開かれるチェアスキーの初心者講習会に参加しようと、団体への登録や参加準備などの手続きを自分で行なった。そして高校二年生の冬に、講習会に初めて参加。講習会には高校三年生の時にも参加した。

　長野の開催が決まったことで、リレハンメルでは次世代の育成のために若い選手が数人代表に選ばれることになった。当時大学生になっていた大日方は、障害者のためのスポーツ施設である横浜ラポールでボウリングやテニス、卓球など、車いすでできるスポーツを楽しんでいたところ、「パラリンピックって知ってる？」と声をかけられた。その時にアルペンスキーがパラリンピックの競技であることを知り、強化合宿に参加するようになった。前述の若手育成の方針もあり代表に選ばれたが、この時点ではまだ競技経験も浅く、実力も十分とは言えなかった。

　リレハンメルではアルペンスキー四種目に出場して、滑降で五位入賞。だが入賞と言っても、実際は完走しただけだった。

「四種目出場して、滑降以外の三種目はゴールできずに途中棄権しました。私たちが使うチェアスキーはスキー板が一本しかないので、通常よりも転倒しやすく、さらに会場の雪が硬かったこともあって、難しいコンディションでした。それに滑降は、日本国内では練習できる場所がなく、ぶっつけ本番だったのです。コーチからは『お嬢ちゃん、顔に傷でもつけると大変だから、ここは無難に降りておいで。安全に行こう』とからかわれましたが、自分がコーチでも同じことを言うだろうと思う状態でした。それでも何とかゴールしたら、他の選手の多くが転倒したことで入賞できました」

この大会で出会ったのが、アメリカのチームにいたサラ・ウィルだった。一九九二年のアルベールビル大会からパラリンピックに出場していたサラ・ウィルは、アルペンスキーのトッププレイヤーとして君臨。二〇〇二年のソルトレイクシティまでの四大会で金メダル一二個を獲得するなど圧倒的な強さを誇った。

サラ・ウィルのアスリートとしての実力もさることながら、その人格にも大日方は感銘を受ける。初めてパラリンピックに出場した大日方にも気さくに話しかけてくるなど、右も左もわからない若い選手をサポートしていた。勝利に執着する一方で、「障害のある人たちの可能性を社会に伝えていきたい」とパラリンピックに出場することの意義も語る。大日方は「サラ・ウィルをはじめとする世界のトップと戦える選手になりたい」と明確な目標を持ち、リレハンメル大会が終わったあと、猛練習を始める。

大日方は大学を卒業後、ＮＨＫに入局し、テレビのディレクターとして勤務する。働きながら長野パラリンピックに向けた強化チームに参加した。強化チームでは選手それぞれのトレーニングをコーチ陣が計画、実施する体制が作られた。冬季の選手は夏季に比べて競技に用いる用具の費用がかさみ、遠征も含めて自己負担額が重かったが、強化選手には国と日本身体障害者スポーツ協会から補助も出ることになった。大日方もその一人に選ばれ、比較的恵まれた環境の中で練習に打ち込むことができたのだ。

「私は長野パラリンピックの前後に選手としてのベースが形成されたと思います。当時の指導者が、本当に厳しい方でした。障害を言い訳にすることを嫌う方で、『義足だからできない』『車いすだからできない』と言うと、『アスリートなら言い訳は通用しない』と怒られていました。むやみやたらに手を貸すことはなく、あとは自分で考えろというコーチでしたね。ベテランの選手はプライドもありますので反発していましたが、私自身は若かったので、受け入れやすかったと思います。そのような環境で四年間無我夢中で練習しました」

長野パラリンピックで大日方が獲得したメダルは、滑降の金、スーパー大回転の銀、大回転の銅の三つ。大日方はこの大会で世界トップレベルの選手となり、以後、日本選手団を引っ張る存在となっていく。

初出場で三個の金メダル

長野パラリンピックに向けては、すでにパラアスリートとしての身体ができている夏季の競技からも強化選手を指定して、メダルを獲れる選手を育ててきた。その一人が、車いす陸上の選手だった松江美季だ。

松江は一九七三年に東京都で生まれた。中学では水泳部、高校では柔道部に所属。体育教師を目指して東京学芸大学に在籍していた二〇歳の時、自転車で通学中に、居眠り運転をしていたダンプカーにはねられる事故に遭い、脊髄を損傷、下半身不随となる。退院後、リハビリのために通っていた東京都の多摩障害者スポーツセンターで車いすバスケットボールに出会い、本格的に障害者スポーツを始めた。

「車いすバスケットボールを見て、かっこいいと思いましたね。スポーツで輝きたいという、けがをする前のアイデンティティが蘇りました。バスケットボールや水泳など、いくつかの競技を試してみたなかで、一番やりたいと思った車いす陸上を始めました。大分国際車いすマラソンのハーフの部などに出場して、ある程度の成績も出していました」

中学までは水泳、高校から柔道を経験していた松江は、もともと体力と気力を備えていたのだろう。わずかな期間で競技力が向上。一九九五年に福島県で開催された全国身体障害者スポーツ大会に、東京都代表で車いす陸上に出場すると、大会記録を塗り替えるなど頭角を現した。

この大会のあと、山梨県の富士急ハイランドで、長野パラリンピックの選手を発掘するためのイベントが開催された。夏季競技の選手が集められ、松江にも声がかかった。

「私は別にすごい選手ということではなくて、『大学生だから時間があるだろう』という感じで声をかけられただけです。そこで出会ったのがアイススレッジスピードレースです。ところが、最初は真っ直ぐ滑ることもできませんでした」

　アイススレッジスピードレースは、座位でそりに乗って行なうスピードスケート競技。世界的にも競技人口が少ないことを理由に、パラリンピックに競技が採用されたのは長野大会が最後となった。パラリンピック以外では、現在も開催されている大会もある。

　コースは四〇〇メートルのトラック。松江は事故の影響で右手の握力が五キロしかなかったために、コーナーをうまく回ることができなかった。

「いままでスポーツをやってきて、自分が唯一できなかったのがアイススレッジスピードレースでした。特にバランスを取るのが難しかったですね。それと、コーナーが反時計回りだったので、右手に遠心力がかかると不利でした。ある程度滑れるようになったらやめようと思っていましたが、やっているうちにもう少し速く滑れるようになりたいと欲が出てきて、国際大会にも出るようになりました」

　長野パラリンピックを目指すようになってからは、「世界で誰にも負けない」と言えるほどのトレーニングを積んだ。コーチからの指導に耳を傾け、自分が失敗したところを客観的に分析する。一日中競技のことを考える生活を送った。

　トレーニングの甲斐があって、松江はアイススレッジスピードレースと出会ってわずか二年で長野パラリンピックに出場。それも、メダルを狙える可能性があった。

種目は一〇〇メートル、五〇〇メートル、一〇〇〇メートル、一五〇〇メートルの四つ。最初に行なわれる一〇〇メートルは、唯一コーナーがない直線のコースだったため、とにかくこの種目だけでも金メダルを獲るつもりでスタートへと向かった。ところが、会場の異様な雰囲気に吞まれてしまったという。

「大きい大会に出ることも、あれほどたくさんの観客の前でレースに出ることも初めてで、競技場に入っただけですごく緊張しました。それで気がついたら、もう滑り終わっていました。電光掲示板を見て初めて、金メダルが獲れずに終わったんだと気付いたくらい、レースのことは覚えていませんでした」

一〇〇メートルの結果は銀メダル。松江は力が抜けたような状態で表彰台に向かった。

「出た記念というか、とりあえずメダルが獲れて、出場した証が残ってよかったぐらいの気持ちで表彰式に出ました。優勝したのはノルウェーの選手で、一緒に練習もしていて可愛いなと思っていた子でしたが、ノルウェーの国歌が流れて、国旗が揚がると、彼女がこっちを向いて、すごく憎たらしい顔でニャッと笑ったんですよ。それがすごく悔しくて、『やっぱり二位じゃだめだ。一位になりたい』と思って控え室に戻りました」

この日は数時間後に五〇〇メートルも予定されていた。ほかの選手はストレッチをしたり、マッサージを受けたりして過ごしていたが、松江は寝てしまう。そこで、さっき負けたはずの一〇〇メートルのレースの夢を見る。

「夢の中では、私は世界記録を出して優勝していました（笑）。トレーナーに起こされて、スタートラインに立った時に、夢で見たイメージだけが残っていました。そのおかげでいい滑りをすることだけを考えましたね」

イメージ通りの滑りができた松江は、五〇〇メートルで日本新記録を達成。その後も松江の記録を抜く選手は現れず、金メダルを手にした。

「一〇〇メートルの表彰台で私にニヤッと笑った彼女が、私より低い三位のところにいたので、『君が代』を歌いながら彼女の顔を見たのは覚えています（笑）。たった数時間で私の筋力が突然上がるわけではないので、要は気持ちの問題だったのだとわかりました。これであと二種目もいけるんじゃないかと思いましたね」

この勝利で自信を持った松江は、一〇〇〇メートルでも金メダルを獲得。観客席で起きたウェーブに、当時の皇后が加わったのは第三章で触れた通りだ。さらに、コーナーを何度も回ることから最も苦手にしていた一五〇〇メートルでも優勝し、世界新記録まで出した。松江が長野パラリンピックで獲得したメダルは、金三個と銀一個。その活躍はメディアでも大きく取り上げられ、彼女は日本を代表するパラリンピアンとなった。

松江は長野パラリンピックが終わると日本を離れる。大学を卒業後、スポーツ指導者としての専門知識を学ぼうと、障害者スポーツの先進地であるアメリカのイリノイ州立大学に留学し、その後はカナダで就職した。二〇〇一年にアイススレッジホッケー、現在のパラアイスホッケーのカナダ代表としてパラリンピックに五回出場し、すべての色のメダルを獲得しているショーン・マセソンと結婚し、マセソン美季となった。

パラリンピックの知名度向上

大日方や松江以外にも、長野パラリンピックでは多数の金メダリストが誕生した。アイススレッジスピードレースで金三個、銀一個を獲得した武田豊、金二個、銀二個の土田和歌子。その他にも渡辺敏貴、アルペンスキーの志鷹昌浩、バイアスロンの小林深雪がそれぞれ金メダルを手にした。

長野パラリンピックによってそれまでと確実に変わったのは、日本のメディアの扱いだ。それまでパラリンピックは夏季大会、冬季大会ともに、ほとんど報道されることはなかった。長野の四年前のリレハンメル大会に出場した大日方は、アルペンスキーの先輩選手の四戸龍英が銀二個、黒須高が銀一個と銅二個、高村俊彦が銅一個を獲得したにもかかわらず、新聞で報じられた記事がとても小さかったことを覚えている。

「当時はインターネットもなかったので、日本から新聞記事をファックスで送ってもらいました。見てみると、丸く顔写真があって、〇〇町の黒須高さんが障害者スキーの世界大会でメダルを獲得したと書いているだけの小さな記事でした。『あれっ？』みたいな感じで（笑）。もしかしたら地域版だったのかもしれません。それでも『わー、新聞に載った、載った』と騒いでいました」

ところが、長野大会では扱いが一変した。日本での開催だったこともあり、ＮＨＫは開会式と閉会式を生中継した。

新聞報道の変化については、具体的な調査結果がある。調査したのは日本福祉大学教授の藤田紀昭《もとあき》。障害者のスポーツを専門とし、パラリンピックとメディアについての研究も長年続けている。藤田が朝日新聞・毎日新聞・読売新聞の三紙を調査したところ、一九六四年の東京パラリンピックの際に掲載されたパラリンピックや障害者のスポーツの記事は、合計一二八本。しかし、翌年から一九九五年までの約三〇年間は三紙を合計しても常に一〇〇本以下で、一九七三年には〇本だった。この数字からは障害者のスポーツが、東京パラリンピックのあと、新聞社にも一般の人にも浸透しきれていなかったことがわかる。

それが、長野パラリンピックの開催が決まったことで、変化が現れる。夏季大会のアトランタパラリンピックが開催された一九九六年は、水泳の河合の活躍などもあり、久しぶりに一〇〇本を超えた。そして一九九八年、長野パラリンピックが開催された年は六三〇本と大幅に増えた。大日方がつかんだ冬季大会日本人初の金メダルは、パラリンピックの競技の報道としては初めて新聞の一面を飾った。

藤田は記事の本数が増えるにつれて、伝え方もそれまでの福祉の視点だけでなく、競技スポーツとして扱われるようになったと指摘する。

「一九六四年の東京パラリンピックも含め、本数が少なかった頃の記事は、ほぼ社会面に掲載されていました。障害がある人が参加する大会としてパラリンピックを伝えるか、あるいは『障害のある人がこういう形で頑張ってスポーツをしていて、パラリンピックに出場します』といった取り上げ方がほとんどでした。それが長野では、初めて競技の結果が新聞の運動面で扱われるようになりました。ただ、女子の選手の場合は、使われた写真は競技中のものではなく、表彰式での笑顔が中心でした」

藤田によると、この頃は、身体が切断されている、もしくは足が細くなっているといった部分が写った写真はほとんどなく、特に女子選手は競技中の写真自体が掲載されることはなかった。身体の障害のある部分を写していいのかどうか、新聞社側に戸惑いがあったのかもしれない。

さらに、大きく扱われるようにはなったものの、その基準が定まっていなかったとうかがえる記事もあったという。

「パラリンピックの競技はクラス分けがあります。アイススレッジスピードレースの女子一五〇〇メートルのあるクラスには、そもそも金メダルの土田和歌子選手と銀メダルの奥山京子選手、それに銅メダルの桑原明美選手の三人しか出場していませんでした。それなのに金・銀・銅を日本が独占したと大きく伝えた記事がありました。どのような結果ならば、どれくらいの大きさの記事で扱うかといった基準も、まだなかったと思われます」

いずれにしても、新聞だけでなくテレビでも大きく報道されたことで、パラリンピックの日本国内での認知度は劇的に上がった。その変化を、選手だった大日方も実感していた。

「長野大会の前は、練習場所を探してスキー場と交渉する時も、パラリンピックを知らない人ばかりなので、まず競技を説明するところから始める必要がありました。チェアスキーをスノーボードと一緒と思われて、『うちではスノーボードは断っているからスキー板一本でも駄目だ』と断られることも珍しくありませんでした。チェアスキーがどういうもので、パラリンピックがどのような趣旨で開催されているのかを理解してもらえなければ、合宿先の確保もできなかったのです。それが、長野大会のあとは交渉に行ったら『なんだ、大日方さんじゃない。いいよ』みたいな対応になりました。日本で開催されたことでパラリンピックのことを知ってもらえて、活躍したことで顔も名前も知っていただいて、世界が広がっていくような感覚でした。パラリンピックが社会を変えるんだということを強く感じましたね」

「パラリンピック」「障害者スポーツ」「パラスポーツ」といった言葉が、メディアでも当たり前のように使われるようになり、日本人の多くがパラリンピックを知ったことは、長野パラリンピックが日本の社会にもたらした大きな変化だった。

変化はほかにもあった。競技のための用具を日本の企業が作るようになり、その技術力は他国を圧倒するレベルで高まっていった。特に冬季のパラスポーツの用具において、チェアスキーの開発力は日本が世界の最先端を担っている。

国内の組織も変化した。日本身体障害者スポーツ協会は翌一九九九年、身体障害・知的障害・精神障害の三つの障害を対象とする組織に変わり、「日本障害者スポーツ協会」に改称。世界の舞台で活躍できる選手の育成や強化を担う統括組織として位置付けられた。名称は二〇一四年に現在の「日本障がい者スポーツ協会」に変更している。この動きに合わせて、二〇〇一年には全国身体障害者スポーツ大会がゆうあいピック・全国知的障害者スポーツ大会と統合。全国障害者スポーツ大会として、現在も続いている。

長野パラリンピックの翌年の一九九九年からは、冬季競技のワールドカップが始まることも決まっていた。長野で活躍した選手たちは、四年後のパラリンピックに向けて世界の強豪たちと戦い続けていこうと、新たなスタートを切るつもりだった。

しかし、その思いは裏切られることになる。

放り出された冬の競技の選手たち

「長野パラリンピックが終わって、次のソルトレイクシティパラリンピックを目指す新しい体制がすぐにできるものと思っていました。ところが、私たちに告げられたのは、『もうチームは解散だよ』という言葉でした」

長野大会が終わった直後、大日方は役員たちが言い放った言葉を聞いて呆然とした。選手を強化する予算も、強化を担当する組織もなくなり、関わってきたスタッフもいなくなるというのだ。

長野大会までは障害者のスポーツを管轄していた厚生省に準備室が作られ、大会組織委員会から強化に関わる役員が派遣されていた。決して大人数ではなく、細々とした体制ながらも、大会の成功のために全力を挙げていた。しかし、それらはすべて長野パラリンピックが終わるまでだった。選手たちは放り出されてしまったのだ。

「長野までの四年間は、勝つことを求められ、スポーツ選手としての自覚を持つように言われ続けながら、厳しい練習にもついていきました。それが、地元開催が終わったからアスリートであることをやめて、ただのスポーツ愛好家に戻れというのは、あまりにひどい話です。長野まで一生懸命支えてくれていた人たちも、『大会が成功してよかった』と喜びながらも、終わった途端に体力と気力が尽きてしまったかのような状態でした。本当に誰もいなくなったのは衝撃でした。これからどうしようと、途方に暮れましたね」

大日方は選手を支える予算や体制がなくなっても、アスリートとして競技を続ける選択をした。しかしそれは困難な道だった。

長野大会までは強化チームがスケジュールを組んで、月に一回の合宿や大会に関しても手配してくれていたため、選手はチームについていけばよかった。ところが、もはや強化チームはないし、予算もない。どうやって海外の大会に行けばいいのかもわからなかった。

「アメリカで大会があることを聞いて、長野パラリンピックアルペンスキー回転の金メダリストで、強化チームの先輩だった志鷹昌浩さんと二人で『これは行かないわけにはいかない。頑張っていこう』と準備を始めました。費用がどれくらいかかるのかを計算しましたが、試合に出場するには最低コーチ二人が必要で、コーチの宿代と航空運賃も私たち選手が負担する必要があります。その費用を選手二人で割ったら、一人あたり一〇〇万円以上が一回の試合で簡単に消えていきました。費用の問題だけではなく、一緒に行ってくれるコーチを探すだけでも大変で、いろいろな人のつてを頼ってコーチを探しました」

　二〇〇二年のソルトレイクシティ大会が近づくと、監督やコーチが指名されて、一応は強化チームが組織された。しかし、長野パラリンピックの時と同じような強化予算はなく、選手のトレーニング環境も改善されることはなかった。さらに、これまでにはなかったトラブルも起きるようになる。

「競技団体などでずっと支えてくれていた人たちは、実態はみなさんボランティアで、自腹を切りながらサポートしてくれていたんですね。それが、長野大会の成功がよほど華やかに見えたのでしょうか、長野後にチームや選手をサポートすると申し出てきてくれた人の中には、『日当を五万円出してくれればコーチをやるよ。報奨金とかあるんだろう』と言ってくる人もいました。『報奨金はありませんよ』と答えると、『なんだ、そんな世界かよ。もっと儲かると思っていたのに』とその人は吐き捨てて去っていきました。こういう人はいくらでもいましたね」

アルペンスキーの強化チームは、コーチの独断による理不尽な選手選考もあって混乱が生じた。チーム内に不信感が広がったまま、二〇〇二年のソルトレイクシティ大会を迎えた。

最悪な状況は結果にも表れた。日本選手団は惨敗。獲得したメダルは、大日方の銅二個と、ノルディックスキークロスカントリーの新田佳浩の銅一個のみ。金メダルと銀メダルともに獲得できなかったのは、参加三六か国の中で日本だけ。獲得メダル数が四位だった長野大会から、どれだけ選手が苦しんだのかは、このメダルの状況を見ても明らかだろう。

しかし、この成績は、日本の選手たちが置かれた環境の変化だけが理由ではなかった。この頃から、世界各国のパラスポーツの競技レベルが、劇的に進化していたのだ。

その背景には、競技ごとに世界大会が開催されるようになったことがある。特に冬季競技は、ワールドカップがシーズンを通して開催されるようになったことが大きい。世界ランクの基準となるポイント制度が整備されたために、パラリンピックに出場するには毎年ワールドカップに出場して成績を残さなければならなかった。そのため強豪国であるアメリカ、ドイツ、オーストリアなどの選手は、トレーニングに専念するための練習環境が整備され、スポンサーなどの支援も得て、恵まれた環境のもとで練習に打ち込んでいたのだ。

生半可な練習量では追いつかないと感じた大日方は、四年後のトリノパラリンピックに向けて、シーズン中は練習を見てくれるコーチが拠点を置く長野県の菅平高原の麓にアパートを借り、練習に専念することを決意する。二〇〇一年に結婚した夫と愛犬とともに、冬は東京のマンションから長野県上田市の借家に移り住んだ。東京と長野の二重生活は金銭面でも楽ではなかったが、毎日質の高いトレーニングができたことで、世界選手権などでも手応えを感じるようになった。

そして迎えた二〇〇六年のトリノ大会。大日方は滑降とスーパー大回転が終わった時点で、いずれも銀メダルに留まっていた。

「トリノではどうしても金メダルが欲しいと思っていました。でも銀メダルが二つ続いて、何が足りないんだろうとずっと悩んでいました」

そう考えていたときに、選手村で過去の大会の映像が流れていた。映像は、ソルトレイクシティ大会で四冠を達成したサラ・ウィルの滑りだった。大日方はその映像をじっと見て、あることに気づく。

「自分は理想的なターンをする、滑るラインを結びつけるなど、きれいにまとめることで速く滑れると考えていました。でもサラ・ウィルの滑りはそうではありませんでした。ゴールへの執念がすごくて、一瞬危ないと思っても、そこで加速していくんですね。その映像を見て、自分がコンマ一秒でも速くゴールするためにはがむしゃらに行っていいんだと、我に返りました」

チェアスキーはスキー板が一枚しかないため、バランスを取るのが技術的に難しい。記録のためにがむしゃらに滑るのは、実際にやるとなれば容易ではなかった。バランスを少しでも崩せば、転倒してしまうからだ。

　しかし、大日方に迷いはなかった。そうして臨んだ大回転の結果は、みごとに金メダル。八年ぶりに金メダルを手にした感想を、「重かった」と大日方は表現した。長野パラリンピック終了後に放り出されたあと、厳しい環境の中で苦しんだ末につかんだ金メダルだった。

　大日方は五大会連続でパラリンピックに出場し、二〇一〇年のバンクーバーパラリンピックで銅メダル二つを獲得したのを最後に日本代表を引退した。その後は国内大会に出場しながら若手の育成にあたっている。

　長野パラリンピックが落とした「陰」によって、選手は練習環境の面でも、金銭的な面でも、競技を続けることが困難になった。この困難に打ち勝つには、自らの努力で乗り越えるしかなかった。競技を続けることを諦めた選手もいる中で、再び金メダルをつかみ、パラリンピックで日本選手の活躍の灯をつないだアスリートが大日方だった。

第七章

立ち上がるパラリンピアン

◉日本パラリンピアンズ協会による奨学金授与。後列左は河合純一、
後列右は奨学金をスポンサードするスタイル・エッジの花咲圭祐取締役〈2018年〉

Paralympic Games
and Japan
60 years of history
and episodes unveiled

金メダル数の減少と選手の重い負担

パラリンピックにおける日本選手団の競技力の低下は、長野パラリンピック後に顕著になった冬季大会だけではなかった。二〇〇〇年代後半から、夏季大会でもその兆しが現れ始めた。

夏季大会における日本選手団の競技力は前述した通り、金メダルを一四個獲得し、メダル獲得数順位が一〇四か国・地域中一〇位だった一九九六年のアトランタ大会で、世界の上位に迫るレベルに上がってきた。続く二〇〇〇年のシドニー大会でも金一三個、一二二の国と地域の中で一二位と、ほぼ同じレベルを維持。二〇〇四年のアテネ大会ではソウル大会に並ぶ金一七個に加え、一三五の国と地域の中で一〇位となるなど、過去最高の成績となった。

三大会にわたってピークが続いたのは、二〇〇〇年までに障害者スポーツセンターが全国で二三か所整備され、指導者の育成が進んだことと、その体制の中で練習を重ねた河合をはじめとする若い選手が台頭してきたことも大きかった。夏季競技に障害者スポーツセンターで強化できる競技が多いことも背景にある。

ところがアテネ大会を最後に、金メダルの獲得数は目に見えて減っていく。二〇〇八年の北京大会と二〇一二年のロンドン大会では、ともに五個。二〇一六年のリオデジャネイロ大会では、銀メダル一〇個と銅メダル一四個を獲得したものの、一九六四年の東京大会からパラリンピックに参加して以来、初めて金メダルを獲れずに終わった。二四個のメダルは決して少なくはないが、金メダルが獲れていないために、メダル獲得数の順位は六四位まで落ち込んでいる。

　アテネ大会から世界のトップに立ったのは、中国だった。六三個の金メダルを獲得すると、その後は北京大会で八九個、ロンドン大会で九五個。リオデジャネイロ大会では一〇七個と他国を圧倒する数を記録している。

　中国で障害者のスポーツが発展したのは、一九九七年に死去するまで事実上の最高指導者として改革開放政策を指揮した鄧小平の息子・鄧樸方の存在があると言われている。

　鄧樸方は一九四四年生まれ。文化大革命の攻撃目標となり投獄され、取り調べを受けたあと、建物の四階から転落し、下半身不随になった。以来彼は車いすでの生活を余儀なくされたが、鄧小平が最高指導者の地位にある時期に、鄧樸方が中国身体障害者連合会の設立を支援し、理事長、主席、名誉主席を歴任している。

　北京大会の開催が決まったこともあり、中国は障害者行政とパラスポーツ選手の強化の両方に力を入れた。障害者専用のスポーツ施設が各地につくられ、選抜された選手は施設を無料で利用できる。さらに、結果を出せば生活も保障された。パラリンピックでメダルを獲得した選手には破格の報奨金が支払われるほか、コーチにも報奨金が支払われ、引退後も指導者として競技に関わることができる。

　中国の選手が台頭した時期と、日本選手の競技力が世界の中で相対的に低下しはじめた時期は重なる。当時の日本の選手たちを取り巻く状況がわかる資料がある。それは二〇〇八年八月に発表された、『パラリンピック選手の競技環境　その意識と実態調査』の結果だ。この調査を実施したのは、二〇〇三年に発足した日本パラリンピアンズ協会。パラリンピアンの有志によって立ち上げられた選手会だ。パラリンピアンたちは厳しい練習環境にもがきながら、この協会を立ち上げた。

　調査の対象となったのは、夏季の北京大会の代表第一次決定選手一三一人と、冬季の二〇一〇年バンクーバー大会の強化指定選手二一人の合計一五二人。パラリンピックを対象とした調査は初めてで、競技に取り組む姿勢から、競技環境や経済状況まで、質問は多岐にわたっている。

　調査結果で顕著だったのは、ほとんどの選手が「費用の捻出」と「練習環境の確保」に苦労していたことだ。

「現在の競技スポーツを行ってきて、苦労したこと」を聞く質問に対して、八二・九パーセントの選手が「費用がかかる」と回答した。

　練習環境についての質問では、回答は多い順に、「練習場所がない」が四二・八パーセント、「練習場所へ通うのが大変」が三五・五パーセント、「一般向けの施設が使えない」が一七・八パーセントだった。練習場所の確保に日常的に苦労している実態が浮かび上がった。そもそも日本には、障害者がスポーツをする場所が十分にないのだ。

しかも長野パラリンピック直前の冬季競技の選手を除いては、選手の強化費用はあっても多いとは言えず、多額の個人負担をしなければならなかった。

「一年間に、競技のために個人負担する費用」に関する質問では、最も多かった回答は「五〇万〜一〇〇万円未満」の三四・九パーセント。その一方で、高額な自己負担をしている選手も多かった。「一〇〇万〜一五〇万円未満」が一八・四パーセント、「一五〇万〜二〇〇万円未満」が一一・八パーセント、「二〇〇万円以上」が一一・二パーセント。競技力の高い選手ほど、海外遠征などで多額の個人負担が生じている可能性があった。

自己負担額の平均は一一〇・五万円。ただ、冬季の選手が一六三・一万円に対し、夏季が一〇一・七万円と、平均額で六〇万円以上冬季の選手の方が負担が重かった。

この調査結果によって、初めて実態を知った関係者はショックを受けた。一般の人は、これくらいの負担額なら、オリンピックの選手とそれほど変わらないのではないかと思うかもしれない。もちろんオリンピック選手も、一定程度の自己負担はあるだろう。しかし、オリンピックとパラリンピックの選手たちの大きな違いは、収入にある。

オリンピック選手の場合、仕事の収入や強化費などもあわせて、一〇〇〇万円ほどの年収がある選手もいるだろう。しかし、パラリンピック選手の平均的な年収は調査当時で三〇〇万円ほど。年収一〇〇〇万円の人にとっての一〇〇万円と、年収三〇〇万円の人にとっての一〇〇万円では、その負担の重さの差は一目瞭然だ。パラリンピック選手は、正社員で働いている人は多いとは言えず、苦しい生活状況の中で用具代や遠征費、コーチの日当や旅費などを工面しながら競技に打ち込む人が多かったのだ。これでは十分な練習環境と生活基盤を確保して練習に専念している中国や欧米各国の選手たちに、ついていけなくなったのも当然と言えるかもしれない。

日本パラリンピアンズ協会は以後、実態調査を四年に一度実施するなど、選手の置かれた状況を関係機関や社会に向けて発信するようになっていく。

なぜパラリンピアンズ協会を立ち上げたのか

日本パラリンピアンズ協会の設立には、日本を代表するパラリンピアンが参加した。発起人として関わり、設立当初と一般社団法人化した二〇一〇年から二〇一九年末まで会長を務めたのが、一九九二年のバルセロナ大会以降、日本選手団を牽引してきた、前述の河合純一だ。河合は一九九二年のバルセロナ大会から二〇一二年のロンドン大会まで、パラリンピック六大会に連続出場し、金メダル五個を含む二一個のメダルを手にした。メダルの獲得数は日本人で最多を誇る。

引退後の二〇一六年には、IPCが偉大な功績を残した選手やコーチを称える「パラリンピック殿堂」に、日本人で初めての殿堂入りを果たした。日本を代表する選手として世界中のパラリンピアンに知られる存在となっている。

一方で、教員の仕事を二〇〇三年から休職して、早稲田大学大学院教育学研究科の学校教育専攻に進学した。二〇〇五年に舞阪中学校に復職したあと、二〇〇六年には静岡県総合教育センターの指導主事を務めるなどした。二〇一〇年には教員を辞して、参議院議員選挙に出馬するも落選。国政選挙には通算三度出馬して教育と福祉、スポーツの改革を訴えたが、当選は果たせなかった。その後は日本スポーツ振興センターに勤務しながら、二〇一五年には日本水泳連盟の理事に就任するなど、スポーツに関する様々な役職を務めていくことになる。

日本パラリンピアンズ協会を立ち上げたのは、日本選手団が惨敗に終わった冬季のソルトレイクシティ大会のあと。アイススレッジホッケー、現在のパラアイスホッケーの日本代表だった永瀬充が、大会で知り合った各国の選手たちから「選手会を作っている」と聞いたのがきっかけだった。

「永瀬さんがカナダなどの選手から、オリンピアンとパラリンピアンが共同で選手会を作って、一緒に活動をしているという話を聞いてきました。その頃、日本のスポーツ界では、選手の権利について考えさせられる出来事がありましたので、関心を持ったのです」

河合が指す出来事とは、二〇〇〇年のシドニーオリンピックの水泳日本代表選考会で、千葉すずが二〇〇メートル自由形で優勝したにもかかわらず、代表に選ばれなかったことだ。千葉は日本水泳連盟の選考基準に異を唱えて、スイス・ローザンヌに本部を置くスポーツ仲裁裁判所に提訴した。

当時の日本では代表選考をめぐる問題を扱う機関はなく、選手は黙って結果を受け入れるしかなかった。それだけに千葉の行動は、日本のスポーツ界に大きな衝撃を与えた。スポーツ仲裁裁判所は、千葉の訴えは退けたものの、日本水泳連盟に対して訴訟費用の一部負担を言い渡した。

この結果を受けて、各競技団体は選考基準の明確化に取り組むようになり、二〇〇三年には国内の問題を扱う「日本スポーツ仲裁機構」が設立された。

一方のパラリンピアンの立場も、非常に弱いものだった。前に触れた通り、冬季競技の選手たちは長野パラリンピックが終わると、強化チームが解散してしまい放り出された。夏季も冬季も、選手たちが競技を続けるのであれば、費用の自己負担と、ボランティアでサポートしてくれる人たちを頼りにするしかなかった。権利を訴える以前の状態だった。

「千葉選手の問題を見て、パラリンピックの選手たちも、オリンピックの選手と同様か、それ以上に弱い立場にあると感じました。そもそも障害者のスポーツは、スポーツとして扱われていないのではないかとも思っていました」

河合がスポーツとして扱われていないと感じる理由は、縦割り行政にあった。中央省庁が再編された二〇〇一年当時でも、スポーツは文部科学省の管轄にもかかわらず、障害者スポーツは厚生労働省の管轄だった。盲学校、養護学校、聾学校などの体育や部活動は文部科学省の管轄なのに、卒業後に同じ競技をしようとすると、厚生労働省の管轄になって競技ルールが違う場合もあった。パラリンピックに出場する中学生や高校生が少ないことにも、疑問を持っていた。この壁を壊すには、縦割り行政を超えて、あらゆるスポーツ団体と連携していく必要があると考えたのだ。

「選手たちの権利を確立していくことと同時に、パラリンピアンと国内外のスポーツ団体やアスリートが連携して、誰もがスポーツを楽しめる社会を実現したいと思いました。同じ考えを持った七、八人の発起人が集まって、任意団体として二〇〇三年に日本パラリンピアンズ協会を立ち上げました」

二〇〇三年に開催された発起人会では、初代会長に河合が就任。あわせて開催した研修会では、のちにスポーツ庁長官に就任する鈴木大地が講演した。

協会は定期的に活動を行なって会員も増えていく。会員の話を聞いてみると、選手が置かれている環境は個人によって大きな差があることがわかってきた。しかし、それを明確に示すものがなかったため、北京パラリンピックの前に前述の実態調査を行なって、結果をメディアに公開した。

「選手のぼやきに聞こえないように、データをきちんと示して、オリンピックの選手と比べて明らかに競技環境が厳しいことを、世の中に伝えようと思いました。このデータを持って、当時障害者のスポーツを管轄していた厚生労働省にも、強化費の増額を訴えました。そうしなければ、日本が世界と戦うのは難しくなるのは明らかでした」

一九九〇年代から二〇〇〇年代前半までは日本もメダルを獲れていたが、各競技の世界記録は四年に一回パラリンピックが開催されるたびに飛躍的に伸びていった。

「日本のパラリンピックの競技レベルを説明する時に、よく電車にたとえていました。最初は各駅停車だったのが、日本も競技レベルが向上して、急行や快速のスピードが出せるようになりました。でもその時には、世界はリニアぐらいの速いスピードで駆け抜けていたのです。それでは差は開く一方ですよね。もちろん、それまで支援してもらっていたことには感謝をしていますが、世界レベルにフィットするように対応してもらうためには、私たちが自ら立ち上がって行動するしかないと思ったのです」

再び世界の強豪国と戦えるようになるには、パラリンピアンが自ら考え、行動しなければならない。そう考えた日本パラリンピアンズ協会のメンバーは、関係省庁・団体との交渉や情報発信のほか、具体的な事業にも取り組むようになる。

パラリンピアン自ら選手を育成

長く現役を続けてきた河合は、パラリンピックに出場することの苦労を、自分の体験を通して感じているだけでなく、ほかの選手の事情についても十分に理解している。だからこそ、パラリンピックにおける日本の競技力が低下した原因もよくわかっていた。

課題として真っ先に挙げられるのは、練習環境の貧弱さだ。一九七四年に大阪市に初めてできた障害者スポーツセンターは二〇一九年一二月時点で全国に二六か所ある。しかし、そのうち二二か所は前述の通り、長野パラリンピックが開催された一九九八年以前にできたものだ。長野大会が盛り上がったにもかかわらず、障害者のスポーツの基盤整備は進まなかった。新たな施設は作られず、競技力は低下した。河合は、日本の競技力が低下した時期に自身が多くのメダルを獲れた要因には、恵まれた練習環境があったからだと感じている。

「私の場合は幸いなことに大学の水泳部と一緒に練習できて、教員になってからも勤務先の学校にプールがありました。職場に練習場所があったのは、スポーツをする環境としては最適だったと思います。おそらく一般の人でも、仕事場や自宅の近く、あるいは最寄りの駅の近くなどにスポーツをする施設がないと、スポーツをするハードルが高くなるでしょう。目の見えない私の場合は移動するのも大変で、車の運転もできませんから。でも、全国的に見ても、立派なスポーツ施設ほど駅から遠いところにありますよね。それはすごくナンセンスだと思いますし、スポーツ施設と街づくりのあり方は見直されるべきだと感じています」

加えて、スポーツとは別のところにも、日本の選手が不利になっている原因がある。それは障害者の雇用が欧米各国に比べて十分とはいえないことだ。

日本には「障害者の雇用の促進等に関する法律」、いわゆる障害者雇用促進法がある。一九六〇年に身体障害者雇用促進法として制定され、一九七六年の改正で、従業員の一定割合以上の障害者を雇用することが義務化された。一九九七年には知的障害者、二〇一八年には精神障害者も義務化の対象となった。二〇一九年の「障害者白書」によると、身体障害者は四三六万人、知的障害者は一〇八万二〇〇〇人、精神障害者は四一九万三〇〇〇人。複数の障害がある人もいるものの、単純に合計すると九六三万五〇〇〇人。全人口の七・六パーセントにあたる。

現在の制度では雇用率が未達成の企業から納付金を徴収し、そこから達成した企業に調整金として渡す。未達成の状態が続く企業には厚生労働省から指導が入り、それでも改善されない場合は企業名が公表される。

しかし、障害者雇用促進法のもとで、企業に法定雇用率を守ることを義務付けても、雇用形態までは縛られていない。二〇〇二年に政府は「特例子会社」という制度を作り、清掃などの単純作業を集約した子会社で障害者を雇用すれば、企業グループ全体としての障害者雇用率に算入できるようにした。確かに障害者の雇用者数は大幅に増えたが、正社員として十分な収入を得ている人は決して多くないのが実態だ。

さらに、民間企業よりも高い雇用率が設定されている中央省庁などの国の機関や地方自治体、各都道府県の教育委員会が、長年にわたって障害者雇用率を水増ししていたことが二〇一八年に発覚した。あわてて募集しても人材は集まらず、二〇一九年一二月の時点でも法定雇用率は達成されていない。国や地方自治体でも非正規雇用で働く人が多く、収入は十分とは言えない。

この状態は河合には「不自然」に映る。

「障害のある人は、日本人の七パーセント以上を占めています。でも一般の企業で、フロアに二〇人から三〇人の社員がいたとしても、障害のある人は一人もいませんよね。この異常さにみなさんに気付いてもらうことがまず第一だと思います。国際パラリンピック委員会が開いたスポーツ医科学のカンファレンスの発表にもありましたが、やはり障害のある方は安定した収入、つまり就労や雇用がなければ、スポーツができる状態にはなりません。自分の経験からもそう感じます。収入があっても十分な金額でなければ、食べることや生きることに比べて、優先度はどうしても低くなります。でも障害のある人にとっては、やはり働いて、収入を得て、健康のために運動した方がいいはずです。それが当たり前の世の中になってほしいと思います」

もう一つ、日本の競技力が低下している原因は、若い選手が育っていないことだ。二〇一八年に韓国で開かれた冬季の平昌《ピョンチャン》パラリンピックの日本選手団は、平均年齢が四一・九歳。二〇一六年の夏季のリオデジャネイロパラリンピックは三四・九歳と、高齢化が顕著になっている。

この状況を少しでも変えていこうと、河合が二〇一〇年に再び会長に就任した日本パラリンピアンズ協会では、二〇一八年度から念願だった事業に取り組みはじめた。それは、若手選手の発掘と育成だ。

「ネクストパラアスリートスカラーシップ」と名付けられたこの事業は、パラリンピックを目指す次世代の若い選手に、最大で年間五〇万円の奨学金を支給するものだ。その必要性を感じたのは、アスリートだからこその視点からだった。

「世界のパラスポーツの競技レベルが上がったことで、逆に若い世代や障害を負った直後の人たちが、スポーツを始めにくくなっています。それはスポーツをするための用具が進化して、価格が高くなっているからです」

障害のない人であれば、ランニングを始めようと思って靴を買っても一万円ぐらいで済む。しかし、パラスポーツの場合、スポーツ用の義足で五〇万円、車いすで一〇〇万円もかかる。もっと言えば成長期の子どもたちは、五センチ身長が高くなれば、義足が合わなくなり歩けなくなってしまう。せっかくスポーツを始めても、そこでやめてしまう子どもも少なくないのだ。

河合らは、やる気があって能力がある選手をサポートしようと事業を構想し、企業にスポンサー協力を呼びかけて、実現にこぎつけた。

「トップアスリートを目指そうと思えば、保護者の理解も必要ですし、お金もかかります。裕福な家庭でなければそこまでスポーツに打ち込めない現実が残念ながらあります。それは、オリンピックの選手もそうかもしれません。この状況を少しでも変えることができればと思っています」

この事業で支援するのは奨学金だけではない。二〇〇人以上のパラリンピアンが、自分たちの経験を伝えるのも大きな目的になっている。

「私たちは選手会なので、単なるパトロンではありません。競技面では、パラリンピアンが持つノウハウを惜しみなく伝えます。さらに大きなポイントは、将来、パラスポーツの世界でリーダーとなる人材を育成することです。リーダーとして活躍することを使命の一つだと思ってくれている選手を選んでいます」

しかし、なぜパラリンピアン自身が、選手の発掘や育成までしなければならないのだろうか。その問いに対する河合の答えは明確だった。

「どこもやってくれないからですよ。どこも取り組まなければ、個人任せやコーチ任せになりますが、それでは持続性はないですよね。もちろん制度を作って、私たちが関わったからといって、社会のリーダーになる保証はありません。でも、何もせずに偶発的に出てくるものを待ち続けるのに比べれば、何十倍もポジティブだと思います。選手の育成やキャリアを一緒になって考えていくために、制度を組み立てていきたいと思っています」

パラリンピックにおける日本の競技力は、二〇〇〇年代から世界のトップについていけず、衰退傾向に入ったと言える。しかし、そこには縦割り行政の問題、障害者のスポーツを取り巻く問題、競技を始める際の費用の問題など、様々な要因があった。パラリンピアンたちは自ら立ち上がり、その課題を一つひとつ解きほぐそうとしているのだ。

第八章 東京二〇二〇パラリンピックへ

◉2020年大会招致スピーチをする佐藤真海〈2013年〉、IPC公認教材「I'mPOSSIBLE(アイムポッシブル)」の発表をするマセソン美季〈2017年〉

and Japan
60 years of history
and episodes unveiled

東京二〇二〇の開催決定

二〇一三年九月七日。日本のパラスポーツにとって、大きなターニングポイントとなる瞬間が訪れた。

アルゼンチンのブエノスアイレスで開かれたＩＯＣ・国際オリンピック委員会の総会。東京オリンピック・パラリンピック招致委員会は、二〇二〇年夏季大会の開催地を決める最終のプレゼンテーションに臨んでいた。

プレゼンテーションの前に、高円宮妃が登壇した。二〇一一年に発生し、甚大な被害をもたらした東日本大震災に際して寄せられた、各国からの支援に謝意を伝えた。

続いてプレゼンのトップバッターとして登壇したのは、パラリンピックの陸上選手の佐藤真《ま》海《み》（現姓・谷）。一九歳で骨肉腫を発症し、右足の膝から下を切断した佐藤は、走り幅跳びで二〇〇四年のアテネ大会から三大会連続でパラリンピックに出場。パラリンピアンでただ一人、プレゼンターに選ばれた。

佐藤は東日本大震災で、地震と津波の被害に遭った宮城県気仙沼市の出身だった。パラリンピックに出場するまでの自身の経験と、震災後に世界中からアスリートが被災地支援に来てくれたことが子どもたちを励ましたことを、自らの言葉で語った。

英語で行なわれた約四分間のスピーチは、約一時間のプレゼンテーションのうち、ほんの一部ではあったが、その言葉は人の心を動かした。その一部を日本語に訳してみる。

「二〇一一年三月一一日、津波が私の故郷の町を襲いました。六日間、私は自分の家族が無事でいるのかどうかわかりませんでした。そして家族を見つけ出した時、自分の個人的な幸せなど、国民の深い悲しみとは比べものになりませんでした。

私はいろいろな学校からメッセージを集めて故郷に持ち帰り、私自身の経験を人々に話しました。食糧も持っていきました。他のアスリートたちも同じことをしました。私たちは一緒になってスポーツの活動を準備して、自信を取り戻すお手伝いをしました。

その時初めて、私はスポーツの真の力を目のあたりにしたのです。

新たな夢と笑顔を育む力。

希望をもたらす力。

人々を近づける力。

二〇〇人を超えるアスリートたちが、日本、そして世界から、被災地におよそ一〇〇〇回も足を運びながら、五万人以上の子どもたちを励ましています。

私たちが目にしたものは、かつて日本ではみられなかったオリンピックの価値が及ぼす力です。

そして、日本が目のあたりにしたのは、これらの貴重な価値、『卓越、友情、尊敬』が、言葉以上の大きな力を持つということでした」

多くの人々に強い印象を残したこのスピーチの裏側には、オリンピアンとパラリンピアンの連携があった。

東京都は、二〇一六年のオリンピック・パラリンピックの招致活動も行なったが、リオデジャネイロに敗れた。

この時の招致活動は、どちらかと言えばオリンピックの関係者が中心になって進められていた。というのも、招致活動が始まった二〇〇七年は、長野大会から一〇年近くが経ち、日本国内ではパラリンピックへの関心が低くなっていたのだ。東京都が開催した招致に関する初めての会議では、パラリンピックの名前がなかったほどだ。悪意があってそうなったわけではないが、それがかえってパラリンピックの関係者を落胆させた。

結局、二〇一六年大会の招致は敗れた。しかし、そこで一つの変化が生まれた。招致活動に関わったことで、オリンピックのアスリートたちであるオリンピアンと、河合らパラリンピアンの交流が生まれた。オリンピアンたちが日本パラリンピアンズ協会などの活動を知るにつれて、招致のためには両者が一緒になって活動をすることが大事だと考えるようになったのだ。

特に、バレーボールのモントリオールオリンピック金メダリストで、JOC・日本オリンピック委員会アスリート委員会の委員長に選ばれた荒木田裕子が、続いて始まった二〇二〇年大会の招致の際に、河合純一や大日方邦子らに一緒に活動をするよう熱心に誘った。河合や大日方らがオブザーバーとして会議に参加を重ねるようになり、パラリンピアンからの提言が取り入れられた。

折しも招致活動が本格化する矢先だった二〇一一年三月一一日、東日本大震災が発生する。オリンピアンとパラリンピアンがアスリートとして何ができるだろうかと考えた時に、被災地出身で復興活動にも携わった佐藤に、その思いを伝えてもらうことになった。佐藤は練習を重ねて、最高のスピーチを届けることができた。

プレゼンの結果、二〇二〇年に東京でオリンピックとパラリンピックが開催されることが正式に決まった。

この決定をきっかけに、日本のスポーツをめぐる環境は大きく変わり始める。特にパラスポーツに関しては、世界の競技力についていけず、強化予算などもほとんど割かれなかった状況が、劇的に変わっていくことになった。

まず、行政側に変化があった。それまで障害者のスポーツは厚生労働省の管轄だったが、二〇一四年から一般のスポーツと同じように文部科学省の管轄に変わった。障害のあるなしにかかわらず、同じスポーツとして扱うようになったのだ。さらに翌年の二〇一五年にはスポーツ庁が新設され、初代長官に鈴木大地が就任。パラスポーツ関連予算は右肩上がりで増加し始めた。

あわせて、メダルの獲得が有望な競技については、パラスポーツにも強化費が出るようになった。二〇一九年度はオリンピックに七九億円、パラリンピックに二一億円の強化費が予算計上された。

東京オリンピック・パラリンピックの運営体制も順調に整備された。組織委員会は二〇一四年一月に一般財団法人として設立され、二〇一五年一月に公益財団法人になった。過去の大会ではオリンピックとパラリンピックのスポンサーは別々で、パラリンピックにはスポンサーが集まりにくかったが、ワールドワイドパラリンピックパートナー以外の東京大会スポンサーは、オリンピックとパラリンピックともに協賛することが基本となった。金額の高い順に「ゴールドパートナー」「オフィシャルパートナー」「オフィシャルサポーター」があり、二〇一九年一二月時点であわせて七〇社が集まっている。スポンサーはそれぞれ選手を雇用する、パラリンピックの啓発事業を行なう、など様々な形でパラスポーツの支援もしている。

パラリンピック単独では、日本財団の支援が大きい。二〇一五年に約一〇〇億円を投じて東京二〇二〇パラリンピックを支援することを表明。公益財団法人日本財団パラリンピックサポートセンターを設立し、競技団体の事務局が集まる施設を用意して運営を支援するとともに、普及啓発事業にも大きな予算を投じた。

世界で初めて二度目の夏季パラリンピックの開催都市となった東京都も、二〇一五年度以降、過去大会では類を見ない規模でパラリンピックの関連事業を展開している。

最後となるこの章では、二〇一三年以降に起きている日本の変化と新たな取り組み、それに二〇二〇年が近づくにつれて浮き彫りになってきた課題をみていきたい。

パラリンピック教育で社会を変える

二〇一六年から日本財団パラリンピックサポートセンターのプロジェクトマネージャーとして、パラリンピック教育に取り組んでいるのが、長野パラリンピックで三個の金メダルを獲得した前述のマセソン美季。カナダに移住していた彼女が、パラリンピックサポートセンターと関わるようになったのはまったくの偶然だった。

マセソンは、長野パラリンピックの一五年後の二〇一三年頃から、国連人権理事会の会議やパネルディスカッションなどで、女性障害者の人権などについて発言するようになっていた。女性障害者全体で、アスリートとしてスポーツに参加しているのは世界でわずか七パーセントと言われている。この状況を変えるために、日本人女性のパラリンピアンとして、国際社会に向けて積極的に発言しているのだ。

マセソンはアメリカのイリノイ州立大学を卒業後、カナダのオタワで就職していた。結婚後、語学力をもっと向上させるにはサービス業の方がいいのではないかと考え、銀行に勤務するようになる。すると、窓口で働いていた時、外交官などとして国際的に活躍していた人物に「君はもっと別の場所で活躍すべき人だ」と声をかけられた。それから障害者の権利の保護などに取り組む団体の関係者を紹介され、その団体の事務員として勤務するようになった。

事務要員だったのに、国連の会議で発言するようになったのは、思わぬことがきっかけだった。ある国連の会議で、団体のトップが声明文を出す予定だったのだが、体調を崩して会議を欠席しなくてはならなくなった。その代わりにマセソンが会議に出席して、声明文を読み上げた。この時のマセソンの存在感に、出席者から注目が集まったのだ。

「私が女性障害者であると同時にパラリンピアンでもあり、またアジア人でもあるため、マイノリティーとしての説得力があると注目されたのです。会議後、もっとメッセージを発信した方がいいと参加者からも言われました。発言の機会が多くなったのはそれからですね。銀行の窓口業務から国連でスピーチをするようになるなんて、どこに人生の次の道が隠れているのかわからないですよね」

国連に出入りするようになったことで、偶然の出会いが起きた。マセソンは、二〇一五年六月、国連の会議で日本財団会長の笹川陽平と出会う。日本財団はその数日前に、一〇〇億円を東京二〇二〇パラリンピックの支援に投じることを表明したばかりだった。その時、笹川と同行していた日本財団のオフィシャルフォトグラファーの女性が、選手時代のマセソンをテレビ局のディレクターとして取材していた人だった。

「思わぬところでお世話になった人とつながりました。この出会いがきっかけで、パラリンピックサポートセンターに出向が決まっていた財団の職員から話を聞かせてほしいと言われて、パラリンピックサポートセンターの仕事のご縁をいただきました。本当にすごい偶然です」

始まりは偶然だったが、パラリンピック教育に取り組みはじめたのは、マセソンのアイデアだった。パラリンピックサポートセンターで働くならどんな仕事をしたいかと問われた際に、自ら提案したのだ。

「迷わずパラリンピック教育をやりたいと答えました。二〇一〇年にバンクーバーで開かれた冬季パラリンピックの時に、カナダの学校で小学生向けのパラリンピック教育に関わった経験もあり、パラリンピックのコンテンツを使って社会を変えたいと強く思ったからです。

世界のどこに行っても、障害のある人たちに対する差別や偏見はやはりあります。なぜ差別や偏見が生まれるのかを、人権教育啓発推進センターの横田洋三理事長（当時）にお尋ねしたところ、往々にして教育に問題があるからだと教えていただきました。タブー化して教育をしない無言の教育や、間違った理解を促進する教育に問題があるようです。その話を聞いて、逆に教育で解決できることもあるのではないかと思いました。差別や偏見をなくすことは難しいかもしれないけれども、少なくとも減らすことはできるかもしれないと考えています」

マセソンは、パラリンピックを題材に、共生社会への気づきを子どもたちに促す教材『I'mPOSSIBLE（アイムポッシブル）』の国際版を作成する、ＩＰＣのチームに参加した。国際版に独自のアレンジを加える日本版については、制作責任者も務めた。二〇一七年四月に初めて小学生版を発表。二〇二〇年までに小学生版と、中高生版をそれぞれ三パターン作成し、全国の小学校・中学校・高校と、特別支援学校もあわせて約三万六〇〇〇校に無償配布した。教材は座学だけでなく実技も学べるプログラムになっていて、マセソンも実際に学校を訪れることもある。

「この教材は、パラリンピックの魅力を伝えながら、大会が目指す共生社会や、多様性が受け入れられた社会の実現に向けて理解してもらえるよう、楽しく学べるように開発しました。『I'mPOSSIBLE』の名称に込められているメッセージは、不可能（impossible）だと思えたことも、少し考えて工夫することで可能になる（I'm possible）ことです。それは、障害があり、不利な条件であっても、驚異的なパフォーマンスを発揮する、パラリンピックの選手たちが体現していることです」

　教材だけでなく、教員用の授業ガイドも作成した。教員がパラリンピックのことをよく知らなくても、読むだけで教えやすくなるようにするためだ。ここまで至れり尽くせりの教材を作って普及を試みるのは、二〇一二年のロンドンパラリンピックの際に開発された教育プログラムが、大きな成果を上げた実績があるからだった。

「ロンドン大会は開催の七年前、招致が決まった段階で実施された世論調査では、パラリンピックを見に行きたいと答えた人はほぼゼロだったそうです。それが、学校で『Get Set』というパラリンピックの教育プログラムを取り入れたことで、児童や生徒がパラリンピックを身近に感じて、会場は連日満員御礼でした。ロンドン大会は二七八万枚のチケットが完売した大会で、史上最高の大会と言われています」

マセソンがパラリンピック教育にこだわるのは、東京二〇二〇の成功のためだけではない。日本の社会にもっと変わってほしいと考えているからだ。

アメリカでは、一九九〇年に「障害に基づく差別の明確かつ包括的な禁止について定める法律」（ＡＤＡ）が制定された。障害者に対する差別をなくし、アメリカ人であれば誰でも同じ雇用や公共サービスなどを受けられることを保障している。また、カナダやヨーロッパの国々では、障害者が困っているとサッと手を差し伸べる文化がある。

マセソンは、自らが生活したアメリカやカナダに比べると、日本は障害者にとって暮らしやすい国とは思えないという。

「東京は私が大学に通っていた二〇年前に比べると、電車や地下鉄の駅にエレベーターが設置されるなど、確実によくなっています。しかし、降りる駅と連絡が取れるまでホームで乗車を待たされるなど、まだまだ不便もあります。新幹線には車いすのままで乗れる席が一つの便に二席か三席しかありません。また、日本で気になるのは人の対応です。カナダではエレベーターを待っている時に満員だったら、『僕たちは階段で行くからどうぞ』と言って譲ってくれますが、日本ではそういう経験は一度もないですね」

マセソンはパラリンピック教育の普及のために日本の学校を訪れた際には、このエレベーターの話をよくしている。子どもたちが同じ場面に出会ったら、他の人の立場で考えられるようになってほしいからだ。

　すると、保護者からこんな連絡をもらったことがある。マセソンの話を聞いた子どもが、休日に家族で訪れたデパートでエレベーターに乗っていた時、止まった階に車いすの人が待っているのを見て、「どうぞ」と譲ってエレベーターを降りたという。保護者が「どうしてそんなことができたの」と聞くと、子どもは「学校でそういう話を聞いたから」と答えた。保護者は自分の子どもは学校から問題児だと言われてきたけれども、すごく誇りに思えたと感動して、マセソンに連絡してきたのだ。この経験から、教育によって子どもたちが変われば、社会は変わると確信したという。

「エレベーターに乗っていた大人も『どうして自分はあの子と同じ行動ができなかったのだろう』と気付くかもしれません。子どもの行動が引き起こす連鎖は、人を動かしやすく、社会を変える一番スマートな方法のような気がします。人の認識が少し変わることにより、多くの人が住みやすい世の中になるのではないでしょうか。パラリンピック教育によって、選手を格好いいとポジティブに捉えることで、障害のある人ともっと自然に共存ができるように、日本の子どもたちが変わっていけばいいなと思っています」

　マセソンは日本のパラリンピック教育のリーダーとして活動しながら、ＩＯＣとＩＰＣの教育委員にも任命された。パラリンピック教育を通して国際社会にメッセージを発信し続けている。

平昌で見えた東京二〇二〇の課題

二〇一八年三月九日、韓国の平昌で冬季パラリンピックが開幕した。アジアでの冬季パラリンピック大会開催は、一九九八年の長野に次いで二度目となる。

この日の夜八時から始まった開会式を、私は会場で観た。氷点下の気温にもかかわらず多くの観客で埋まったスタジアムでの開会式は、低コストの運営を謳いながらも、幻想的で感動的な演出だった。ハイライトは各国選手団の入場行進。選手たちは氷のリンクの上を、S字に行進していく。やがて、オレンジ色に近い赤色のウェアに身を包んだ日本選手団の入場が始まった。車いすに乗った選手たちが前を行く。先頭は、旗手を務めたアルペンスキーの村岡桃佳。その次に、大日方邦子の姿があった。

大日方は国際大会を引退した二〇一〇年以降、後進の指導にあたっていたが、平昌大会では日本選手団の団長を務めた。パラリンピックの金メダリストが団長を務めるのは、日本では初めてのことだった。

この大会でめざましい活躍を見せたのは村岡だった。金一個、銀二個、銅二個と合計五個のメダルを獲得。村岡とクロスカントリースキーの新田佳浩、スノーボードの成田緑夢《ぐりむ》と、三人の金メダリストが誕生した。合計一〇個のメダルは、四年前のソチ大会の六個を上回った。スポーツ庁ができて、強化を始めたばかりの日本選手団にとっては、手応えを感じた成績だと言っていいだろう。

　しかし、平昌パラリンピックが終わったあとに大日方に話を聞くと、決して浮かれた様子はなかった。

「三つの競技で金メダリストが誕生したことは、明るい材料だと思っています。特に村岡選手はこの大会で大きな成長を遂げて、王者としての力がついたと思います。一方で、アルペンスキー男子は、期待されていた選手がほんのわずかな差で金メダルを逃したり、四位、五位で終わってメダルに届かなかったりといった結果が続き残念でした。もう少し彼らにしてあげられることがなかったのかなと感じています」

　大日方は特に、日本の課題と言える選手の発掘や育成について、改めて難しさを感じたという。日本パラリンピアンズ協会とは別に、日本におけるアマチュアスポーツの統括団体である日本体育協会が、二〇一七年からアスリートの発掘事業「ジャパン・ライジング・スター・プロジェクト」を始めた。日本体育協会は二〇一八年四月に日本スポーツ協会に改称している。初年度はオリンピック七競技、パラリンピック五競技を対象にしたが、まだ対象競技は少ない。平昌でも若い選手を代表に入れて、大舞台を経験させていたが、選手の育成は依然として難しい状況にあった。

　ただ、得られたヒントもあった。それは、会場や選手村で他国の選手たちと話すなかで、国によっては体系的に選手を発掘できるシステムがあると知ったことだ。

「オランダのアルペンスキーの若い選手と雑談した時に、オランダがどのように選手を発掘しているのかを知りました。その選手は初めてパラリンピックに出場した二〇歳くらいの選手で、今回はメダルには届いていません。話を聞いて驚いたのは、その選手が障害者のスポーツと出会ったのが、わずか七歳の時だったことです。小さい頃から水泳などいろいろな競技に取り組んだ結果、スキーを選んだそうです。その過程で、視覚障害者のアルペンスキーで選手の前を滑るガイドスキーヤーだった、国際パラリンピック委員会のリタ・バン・ドリエル理事に出会いました。この出会いがきっかけで、パラリンピックを目指すようになり、平昌の舞台に立てたと話していました。選手の発掘というと、トップアスリートにばかり目がいきがちですが、もっと広い意味で選手を育てる仕組みが必要だと感じましたね」

　もちろんそれは、個人の力でも、日本パラリンピアンズ協会だけでも、もっといえば日本パラリンピック委員会だけでもできない。スポーツ庁や日本スポーツ振興センター、競技団体、それにオリンピックの競技団体も含めて、スポーツに関わる関係者が同じ方向を向いて、共同で取り組んでいかなければ実現は難しい。

「グランドデザインを描いて、実行に移していかないと、目先の発掘や小手先の強化だけでは、これからジリ貧になりそうな気がします。選手の発掘は最重要課題だと認識して取り組まないと、難しいと思いますね」

大日方が平昌でもう一つ気になったのは、パラリンピアンのセカンドキャリアだ。大日方がかつてパラリンピックで戦ってきた同世代の元選手たちは、イギリスやアメリカのテレビ局から、リポーターやコメンテーターとして平昌を訪れていた。それは欧米の国々では当たり前のことだった。そのため、平昌のアルペンスキーの放送席は観客席よりも高い場所にあったが、車いすのリポーターやコメンテーターが入れるようにエレベーターがついていた。メディア関係者にパラリンピアンがたくさんいることは、日本とは大きな違いだ。

「現役時代のライバルたちと旧交をあたためましたが、リポーターやコメンテーターとして活躍している人たちは、パラリンピアンが果たす役割の大きさを理解していて、引退後、現役アスリートをサポートする立場にまわっているんですね。メディアで活躍するのはその一例です。パラリンピアンが自分たちの経験を還元していくことが必要なのだということを改めて感じました」

大日方は二〇〇七年から電通パブリックリレーションズに勤務している。その傍ら、日本障がい者スポーツ協会理事や日本パラリンピック委員会運営委員、それに各省庁に設置された様々な審議会などの委員を数多く務める。パラリンピアンの中では豊富なキャリアを積んでいる。しかし、パラリンピアンであれば誰でも引退後にキャリアを積めるかというと、日本では難しい。それだけに、海外の元選手が活躍する姿を見て、どうすればいいかを考えている。

その際に懸念しているのは、東京二〇二〇を前に起きている変化だ。

「東京二〇二〇の開催が決まってからは、助成金が増えて、支援してくれる企業も増えて、冬季競技も夏季競技も環境は大幅に改善されました。むしろ変化が急すぎると感じることもあって、この状況が持続するのか疑問でもあります。いまの状況を私たちは『パラバブル』と呼んでいます。若い選手たちは、何でも与えられることが当たり前になってしまっているので、自分自身で競技環境をゼロから築くことができるかどうか疑問です。長野大会が終わったあとのようなことが東京二〇二〇大会後に起きないように、河合さんをはじめ私たち経験者は働きかけていますが、仮にいまよりも多くの苦労をしなければならなくなった場合に、それでも競技を続けたいと若い選手が思えるのか、少し不安ですね。

選手たちが東京二〇二〇を終えたあと、引退したあとのロールモデルはありません。長野大会後の私の場合、自分で道を切り拓いていくイメージでした。そういう人生は確かにおもしろいものですが、バブルの恩恵を受けた選手たちがどうなるのか、少し心配もしています」

大日方は二〇一九年一二月、河合に代わって日本パラリンピアンズ協会の会長に就任した。日本のパラスポーツの発展のために様々な活動や提言をしながら、パラリンピアンがセカンドキャリアも含めてどのような人生を送っていくのかまで、模索する日々が続く。

皇室と障害者のスポーツの今後

東京二〇二〇を前に、長年にわたって障害者のスポーツを支えてきた皇室もまた、新たな時代に向けて動き始めていた。

二〇一五年一〇月四日、中村裕が創設した別府市の太陽の家が創立五〇周年を迎え、記念式典が開かれた。式典には天皇と皇后、現在の上皇と上皇后が出席した。上皇はこの翌年の二〇一六年八月、象徴としての務めについての考えを示したビデオメッセージで、「生前退位」の意向を強くにじませた。太陽の家の式典への出席と、生前退位の意向を表明した時期をあとから考えあわせて、上皇と上皇后が太陽の家を訪れたのは、中村にお別れを言うためだったのではないかと、関係者は感じている。

長野パラリンピックが開催された一九九八年三月を最後に、日本身体障害者スポーツ協会の常務理事を退任した井手精一郎もそう感じた一人だった。

「陛下が中村さんと初めて会ったのは、中村さんが国際ストーク・マンデビル競技大会に日本で初めて選手を派遣して、大会の報告のために東宮御所に招かれた時です。陛下はそれ以来、中村さんのことを気にかけていたのだと思います。太陽の家の五〇周年式典に出席されたのは、中村さんにさようならを言うためだったのだろうと私は思っています」

井手が言うのは、一九六二年に当時皇太子だった上皇が中村や選手を東宮御所に招いて、選手と真剣に卓球の試合をした時のことだ。それから五〇年あまりが経った太陽の家の五〇周年式典で、当時を彷彿とさせるサプライズがあった。

上皇と上皇后は、式典のあと、太陽の家のトレーニングルームを見学し、翌年に控えたリオデジャネイロパラリンピックを目指して練習に励む選手と交流していた。

すると上皇は、卓球のラリーを披露していた選手に「ちょっとやりましょうか」と声をかけた。選手と卓球を始めたのだ。このような姿は皇太子の時代には見られたが、天皇に即位して以降、障害者スポーツの関係者も見たことがなかった。ラケットを握った上皇は、選手が放ったサーブを力強く打ち返した。選手にとっては、これ以上ない励ましだった。

天皇・皇后として障害者のスポーツに関係する施設を訪問したのは、この時が最後となった。天皇の譲位は、二〇一七年一二月の皇室会議で正式に決定し、さまざまな面で譲位に向けた準備が進められた。その最中の二〇一八年三月、パラスポーツの大会に、初めて天皇盃と皇后盃を授与することが決まった。

対象となったのは三団体。日本車いすバスケットボール連盟には、男子の日本車いすバスケットボール選手権大会の優勝チームに天皇盃、日本女子車いすバスケットボール選手権大会の優勝チームに皇后盃が贈られる。日本車いすテニス協会には、飯塚国際車いすテニス大会の男子シングルス優勝者に天皇盃、女子シングルス優勝者に皇后盃。京都市で開催されている全国車いす駅伝競走大会の優勝チームにも天皇盃が贈られることになった。

　戦後、スポーツ団体への天皇盃授与は、一九四六年の東京六大学野球連盟から始まり、二〇一九年一二月現在で二三団体が対象になっている。皇后盃は一四団体が対象だ。譲位の直前にパラスポーツに天皇盃と皇后盃の授与を決めた理由を、宮内庁は次のように発表している。

「障がい者スポーツは、もともとリハビリとして始まったものでしたが、天皇陛下は早くから、一般のスポーツと変わらずに、これを行う人は勿論のこと、観戦者とともに楽しむスポーツとして発展して行くことを期待されてこられました。昨今、障がい者スポーツの記録が健常者に追いつくほどの高水準に達している競技も数多く見受けられるようになり、リハビリを超えた競技性の高いものとなってきました。

　このような障がい者スポーツの進展に鑑み、宮内庁として御譲位の前に、障がい者スポーツに対しても、天皇盃・皇后盃を下賜頂くことが相応しいのではないかと考え、関係機関と検討を重ね（中略）天皇盃・皇后盃を下賜されることといたしました」（宮内庁ホームページ）

　天皇盃・皇后盃の授与からは、上皇をはじめ皇室全体が、今後も障害者のスポーツが、障害のない人々のスポーツと同様に発展することを願っていると読み取れる。競技団体にとっても、天皇盃と皇后盃が授与される大会をなくすわけにはいかないと、大会を継続するモチベーションが上がるだろう。東京二〇二〇に向けた皇室からの大きなメッセージの一つではないだろうか。

この三団体以外にも、皇室はさまざまな競技団体や大会を支援している。全国障害者スポーツ大会は、平成の約三〇年間、現在の天皇が皇太子としてほぼ毎年出席してきた。個別の競技大会にもたびたび出席したほか、知的発達障害者のスポーツ大会であるスペシャルオリンピックスの冬季大会が二〇〇五年に長野で開催された際にも出席している。

また、皇位継承順位第一位の皇嗣の立場にある秋篠宮は、耳の聞こえない選手のための国際的なスポーツ大会である、デフリンピックの日本選手団と交流を続けている。「デフ（ｄｅａｆ）」は英語で耳が聞こえない人という意味。デフリンピックの歴史は、パラリンピックよりも古い。オリンピックやパラリンピックと同じように、夏季大会と冬季大会がともに四年に一度、二年ごとに交互に開催されており、夏季大会は一九二四年に、冬季大会は一九四九年に始まった。大会に出場する日本の主な選手は、大会前もしくは大会後に秋篠宮ご夫妻と懇談している。

二〇一七年六月には、夏季大会に出場する選手団が秋篠宮ご夫妻と長女の眞子内親王と懇談。秋篠宮妃と眞子内親王はともに手話で激励した。二〇二〇年一月に冬季デフリンピック選手団が大会結果の報告をした際には、秋篠宮ご夫妻、眞子内親王、佳子内親王が懇談している。

支援はスポーツ大会にとどまらない。二女の佳子内親王は、全国高校生手話パフォーマンス甲子園の開会式に出席し、手話で挨拶している。秋篠宮家による支援について全日本ろうあ連盟は、「手話で挨拶していただけることがきっかけで、デフスポーツや手話パフォーマンス甲子園の認知が広がっています。ご支援がなければ、私たちの活動はなかなか知られることがないので、ご協力に感謝しています」と話している。

その他にも、高円宮家は京都市の全国車いす駅伝競走大会を第一回から支援してきた。高円宮が亡くなったあとも、高円宮妃が毎年会場を訪れている。「ヒゲの殿下」の愛称で親しまれ、二〇一二年に亡くなった三笠宮寛仁《ともひと》親王は、障害者スキーなどの指導に自ら取り組んでいた。それぞれの宮家が得意な分野で支援を広げてきたのだ。

そして二〇一九年七月二二日、東京二〇二〇オリンピック・パラリンピック両大会の名誉総裁に、今上天皇が就任することが発表された。これまでオリンピックが国内で開催された時は天皇が名誉総裁に就任し、パラリンピックの名誉総裁には皇太子が就任していた。天皇がパラリンピックの名誉総裁に就任するのは初めてだ。

一九六四年の東京パラリンピックをきっかけに、上皇と上皇后が若き日から情熱を注ぎ、皇室全体で選手や関係者、ボランティアの思いを汲んで、障害者のスポーツへの支援を続けてきた。その歴史の積み重ねが、東京二〇二〇パラリンピック以後もパラスポーツが発展するために、重要な役割を果たしている。

パラリンピックは「可能性の祭典」

二〇一九年八月二五日、東京二〇二〇パラリンピック開幕予定日の、ちょうど一年前を迎えた。この日、東京都内ではパラリンピックの機運を盛り上げるための関連イベントが各地で繰り広げられ、ＮＨＫホールではカウントダウンセレモニーが開催された。

セレモニーでは日本パラリンピック委員会会長で、日本障がい者スポーツ協会会長でもある鳥原光憲が、東京二〇二〇パラリンピックの開幕予定日にあたる八月二五日を、毎年「ジャパンパラリンピックデー」とすると宣言。その目的を次のように述べた。

「国民のみなさまのパラリンピックに対する関心や理解の一層の広がりにつなげるとともに、来年以降も、大会の機運の高まりをパラリンピックムーブメントにつなげ、大会のレガシーとして発展させていくことを宣言します」

宣言する鳥原の両側には、ゲストとしてセレモニーに参加した、二人の車いすテニスの選手も登壇していた。

一人は車いすテニスの世界的トッププレイヤー、国枝慎吾だ。一九八四年生まれの国枝は、九歳の時に脊髄腫瘍のため車いすで生活するようになり、一一歳から車いすテニスを始めた。パラリンピックに初出場したのは二〇〇四年のアテネ大会。斎田悟司とペアを組み、ダブルスで金メダルを獲得した。二〇〇八年の北京大会でシングルスで金メダルを獲得すると、二〇一二年のロンドン大会ではシングルスで前人未到となる二大会連続の金メダルを手にした。パラリンピック以外にも、二〇〇七年にアジア人初の世界ランキング一位や、車いすテニス史上初の年間グランドスラム（四大大会制覇）の偉業を達成。二〇一四年には四年ぶり四回目の年間グランドスラムを獲得するなど、男子で世界歴代最多の優勝回数を誇る。東京二〇二〇大会では、シングルスで三度目の金メダルを狙う。

もう一人は、上地結衣。一九九四年生まれの上地がパラリンピックに初めて出場したのは、高校三年生だった二〇一二年のロンドン大会。シングルス・ダブルスともにベスト八に進出した。続く二〇一六年のリオデジャネイロ大会ではシングルスで銅メダルを手にした。グランドスラムでも二〇一四年には全仏オープンと全米オープンでシングルス優勝を果たし、世界ランキング一位になった。ダブルスでは年間グランドスラムも達成し、「女子車いすテニス最年少年間グランドスラム」のギネス記録に認定されている。

二人とも東京二〇二〇大会で、金メダル獲得に期待が高まっている。日本を代表する現役のパラリンピアンであると同時に、日本のパラリンピックの歴史に名前を残す選手だ。

カウントダウンセレモニーにはもう一人、ドイツから選手が参加した。義足の走り幅跳びジャンパーであり、世界で最も名前を知られているパラアスリートのマルクス・レーム。彼が招かれた理由は、義足の走り幅跳びの世界記録保持者であり、現在のパラリンピックを象徴する選手だからだ。

マルクス・レームは一九八八年生まれ。パラリンピックでは二〇一二年のロンドン大会と二〇一六年のリオデジャネイロ大会で金メダルを獲得。その後、二〇一八年のヨーロッパ選手権で、八メートル四八の世界記録を打ち立てている。この記録は、二〇一六年のリオデジャネイロオリンピックの男子走り幅跳びの優勝記録である八メートル三八を上回っているのだ。

東京二〇二〇大会はマルクス・レームによって、オリンピックの記録をパラリンピアンが上回る初めての大会になる可能性がある。パラリンピックの新たな歴史が始まろうとしている。

日本の選手たちも、国枝、上地以外にも、金メダルを狙える人材がいる。陸上の佐藤友祈や山本篤、女子マラソンの道下美里、パラバドミントンの里見紗李奈、水泳の木村敬一。団体競技では車いすラグビーが最も金メダルに近いと言われている。車いすバスケットボールやボッチャもメダルを目指す。

水泳の木村敬一は、大会一年前にあわせて東京都内で開かれたイベント「新豊洲サマーナイトフェス」のトークショーに参加していた。「東京二〇二〇をきっかけに、東京はどんな町になったらいいと思いますか」と聞かれると、次のように答えた。

「まずは東京の人たちに、障害のある人の存在を知ってもらいたい。東京二〇二〇パラリンピックは、多くの障害のある人が、みなさんの目に触れる機会になります。われわれ障害者が存在していて、障害のない人と何も変わらず生活していることを知ってもらうことが第一だと思っています。相手のことを知らないだけで抵抗感を持つのではなく、まずはわれわれのことを知ってもらいたいですね」

金メダルを獲ることも重要だが、パラリンピックの意義はそれだけではない。競技を通して自分たちを見てもらうことがまず第一だと、木村は謙虚に語った。選手は自分たちの活躍が、人々の心のバリアを取り除く力になればと願っているのだ。

二〇二〇年一月、日本パラリンピック委員会の委員長に河合純一が就任した。委員長は会長に次ぐ立場で、選手の強化や競技の普及などを取り仕切る責任者。パラアスリートが就任するのは初めてだ。

河合がこれまでの競技生活や、現役引退後の活動を通して感じてきた課題を、率先して解決に取り組める立場になったと言えるだろう。さらに同月、河合は東京二〇二〇大会の日本選手団長に就任することが決まった。

東京二〇二〇大会も含めて、日本や世界の人々にパラリンピックのどんな面を見てほしいのかを河合に聞いたことがある。河合はオリンピックとパラリンピックのそれぞれの歴史を踏まえて、パラリンピックを多くの人に見てもらうことの意義について話してくれた。少し長くなるが、ここに記したい。

「パラリンピックの競技を見ていただくのはすごく重要だと思っています。

近代オリンピックはクーベルタンさんが提唱してから、一二〇年以上の歴史が息づいています。始まった一八〇〇年代後半は、ヨーロッパをはじめとする国同士の争いが絶えず、スポーツを通じて教育や平和を実現しようとしました。だから研究者は、オリンピックのことを〝平和の祭典〟と言いますよね。とはいえ、現在もオリンピックが抱えている課題や問題もたくさんあると思います。

一方で、パラリンピックはどうなのかと考えてみると、オリンピックのような理念はありませんでした。理念ではなくて、戦争で傷ついた兵士の皆さんの日常にパラリンピックがありました。生きるという根源に立脚したところにスポーツが存在していて、それによって発展してきたのだと思います。より豊かに生きたい。長く生きたい。健康になりたい。自分の能力や可能性を伸ばしたい。こういった思いに立脚しています。

だから僕は、オリンピックを〝平和の祭典〟と言うのであれば、パラリンピックは〝可能性の祭典〟だと言っています。『失われたものを数えるな、残された能力を最大限生かせ』とグットマン博士の言葉にあるように、残された可能性や持っているもので最大限のパフォーマンスを発揮するところが、パラリンピックの舞台だと思うんですよね。そのために日々のトレーニングに取り組み、舞台を演出して、多くの人に競技を見てもらう。それをみなさんが見たり感じたりすることで驚きが生まれて、その驚きが考えるきっかけになります。

みなさんの想像力を超えるような競技力や、卓越したパフォーマンスをパラリンピアンが発揮することは、それだけで社会にインパクトを与えていくことになります。つまり、人の心を動かすという意味において、パラリンピックは社会を変えるきっかけになり得ると思っています」

パラリンピックは社会を変える――それは一九六〇年にローマで第一回のパラリンピックが開かれ、日本人医師が障害者のスポーツと出会い、一九六四年に東京パラリンピックが開催されて以降、日本においても証明されてきたことでもある。

　パラリンピックがこれから先、どのような変化を社会に起こしていくのか。東京二〇二〇パラリンピックはその可能性を示す新たな起点になるだろう。

おわりに——東京二〇二〇のその先へ

本書を執筆することになったきっかけは二〇一六年、リオデジャネイロオリンピック・パラリンピックを伝えるメディアの情報に接した時に遡る。東京二〇二〇の開催が近づいているにもかかわらず、オリンピックに比べると、パラリンピックの情報は少ないと感じた。さらにパラリンピックに日本が関わってきた歴史や意義、選手や関係者が抱える課題についても、国内ではほとんど知られていなかった。このままでは東京二〇二〇パラリンピックが一過性のイベントとして消費されてしまうのではないかと危惧したのが、執筆の最初の動機だ。

それから四年、パラリンピックについても、テレビや新聞、ＷＥＢメディアなどで伝えられる情報量は増えてきた。選手をはじめとするパラスポーツの関係者は、大会を成功させようと一生懸命努力している。東京都内ではパラリンピックを知ってもらうためのイベントもたびたび開かれ、認知度が高まっているのは間違いない。

それでもあえて言えば、日本の障害者をめぐる社会環境には、東京二〇二〇パラリンピックの開催が決まったことによる変化がまだ十分に起きていないと感じる。ホテルのバリアフリーはＩＰＣから整備の遅れを指摘されたことで、徐々に進む兆しもみられるが、障害者雇用や、ユニバーサルデザインの街づくりなどはそれほど変わっていないのではないだろうか。

日本国内の障害者の生活がパラリンピックの前後でどう変化するのかについては、海外の研究者も注目している。本書にも登場したパラリンピック研究者のイアン・ブリテンらは、関東在住の障害者を対象に、東京二〇二〇パラリンピックの前と後で、生活に変化があるかどうかを調査している。このような調査は日本独自でも実施されるべきだろう。

しかしそれ以前に、パラリンピックに出場する日本の選手や関係者にとっては、いまも課題が山積しているのは、本書で触れてきた通りだ。最後に、二〇二〇年三月時点で考えられる東京二〇二〇パラリンピックと障害者のスポーツの課題について触れてみたい。

一つは、競技団体の体制。選手の発掘や育成に苦労しているわけだが、背景には競技団体の体制が依然として脆弱な実態がある。

二〇一三年に東京二〇二〇の開催が決まり、二〇一五年にはスポーツ庁も発足して、以前よりも強化予算が出ているのは、本書で触れた通りだ。

しかし、強化も含めて増えているのは事業費だ。事業費である限り、競技団体の人件費には使えない。そのため、障害者のスポーツの競技団体は、二〇一三年以前と同じように、わずかな人員で運営しているところが少なくないのだ。

その実態を裏付ける調査結果がある。ヤマハ発動機スポーツ振興財団が二〇一七年一一月から二〇一八年八月にかけて実施した「障害者スポーツ競技団体の実態調査」では、五三団体のうち一七の団体が、東京二〇二〇閉幕後の二〇二一年以降に団体運営を縮小すると答えた。この一七団体にはパラリンピックの競技種目となっている団体が一六団体入っていた。東京二〇二〇が終わると予算もなくなり、支えてきた人の気力も尽きてしまうといった、長野パラリンピック後と同じことが起きる可能性もゼロとは言えない。現在は日本財団パラリンピックサポートセンターが競技団体を支援しているが、東京二〇二〇が終わったあとに、各競技をもっと多くの人に広めるような体制を作れるかどうかは不透明だ。

　二〇一三年以降にポジティブな変化が起きていない点はほかにもある。障害者が日常的にスポーツを楽しむ環境が、ほとんど変化していないことだ。

　一九七五年に開設された大阪市長居障がい者スポーツセンターの成功によって、一九九〇年代までは全国に広がっていた障害者スポーツセンターも、二〇〇〇年代には一か所、二〇一〇年代には二か所しか増えず、全国で二六か所にとどまっている。

　笹川スポーツ財団によると、障害者スポーツセンターを含め、体育館またはプールを所有している「障害者専用・優先スポーツ施設」は全国に一四一か所ある。しかし、その約七割が一九九〇年代以前に設置されたもので、老朽化が進んでいるのだ。

　また笹川スポーツ財団は、障害者を対象に、日常的に運動をしているのかどうかの調査を実施した。七歳から一九歳までと、二〇歳以上の成人とにわけて、運動をしている人がどれくらいいるのかを、二〇一三年度、二〇一五年度、二〇一七年度にそれぞれ調べた。

結果は、週一回以上運動しているのは一九歳以下で約三〇パーセント、成人で約二〇パーセントにとどまっていた。しかも三度の調査で、その割合はほとんど変わっていない。

つまり、パラリンピックの機運が盛り上がっているように見えても、実際に盛り上がっているのは「スポーツ」と「障害者のスポーツ」に関係する人たちだけで、一般の障害者にとっては何の関係もない、という状況が見えてきている。これでは何のために東京二〇二〇パラリンピックを開催したのか、お祭り騒ぎだけだったのかと大会後に問われるだろう。

障害者のスポーツを管轄する官庁が、厚生労働省から文部科学省を経て、二〇一五年に新設されたスポーツ庁に変わったことで、以前に比べれば潤沢な予算がパラリンピックの強化に配分されるようになった。しかし、障害のあるなしにかかわらず、誰もが気軽にスポーツを楽しめるための施策は、二〇一一年に施行されたスポーツ基本法で必要性が謳われているものの、実際にはあまり進んでいるようには見えない。その心配は、リハビリとして障害者のスポーツが始まった頃を知る井手精一郎やイギリスにいる新藤信子、それに障害者のスポーツを発展させた藤原進一郎も口にしていた。パラリンピックに出場する選手以外の障害者がスポーツをする環境が改善しなければ、パラリンピックの原点が置き去りになってしまうのだ。

これは必ずしも日本だから懸念される問題ではない。過去最高の大会と言われている二〇一二年のロンドンパラリンピックは、約二七八万枚のチケットが完売し、大成功を収めた。国は公社のような形態の組織を立ち上げて、バリアフリーの整備を推進するようになり、イギリス国内にパラリンピックムーブメントが浸透したかに見えた。

しかし時間が経つにつれて、メディアはパラリンピアンや障害者の話題をあまり取り上げなくなってしまった。障害者雇用も思うように進まないなど、障害者を取り巻く環境は、パラリンピックの開催前とあまり変わっていないといった声も障害者団体などから上がっている。パラリンピックの発祥の地であるイギリスであってもこの状態である。グットマンやストーク・マンデビル競技大会の名前を知らない人が増え、パラリンピックの開催によってせっかく生まれた変化の兆しが、その後に続かない現実があるのだ。

東京二〇二〇パラリンピック以降の日本がその轍を踏まないためには、パラリンピックと日本の歴史を知ることが必要だと思い、改めて取材を始めた。その思いはいまも変わらない。

私が障害者のスポーツを初めて取材したのは一九九九年。大分放送の報道部に在籍中に、太陽の家の取材を始めた時だった。以後、車いすバスケットボールや、まだあまり知られていなかったボッチャなどを取材した。

太陽の家を創設した中村裕とストーク・マンデビル病院の関係は、取材の過程であとから知ったことだ。パラリンピックと日本の歴史があまりに知られていないことを私自身も実感している。

本書につながる取材は、ＴＢＳテレビ発行の隔月誌「調査情報」第五三四号（二〇一七年一—二月号）で、リオデジャネイロ大会にＩＰＣのスタッフとして参加した、東京オリンピック・パラリンピック組織委員会の仲前信治パラリンピック統括課長（当時）に話を聞いたことが最初になる。一九七四年生まれの彼も中村や藤原とつながる人物だった。太陽の家でフェスピックの事務局や、海外からのスポーツ研修生の受け入れ、陸上競技クラブの運営に関わったほか、大分国際車いすマラソンの国際業務にも携わり、日本障がい者スポーツ協会に籍を移した、いわばプロパーの職員である。彼への取材で提示された東京二〇二〇パラリンピックの課題を探るとともに、これまでの歴史を関係者への取材によって編み直そうと、「調査情報」第五三六号（二〇一七年五—六月号）から連載の機会をいただいた。本書に登場する人々のインタビューは、この「調査情報」の連載と、ＷＥＢメディアの「東洋経済オンライン」や「ＩＴｍｅｄｉａビジネスオンライン」などでの取材で実施したものだ。

これらの取材成果を基に、全面的に書き換えたのが本書になる。

ただ、本書に登場する人たちは、日本の障害者のスポーツを支えてきた大勢の人々のうちの、ほんの一握りの人だけである。障害者のスポーツの発展に尽力してきた人とパラリンピアンはもちろんのこと、障がい者スポーツ指導員や、国内の様々な大会を支えるボランティアも含めると、この六〇年の間に数えきれない人が支えてきたことで、今日の障害者のスポーツの発展があることは言うまでもない。限られた紙幅のなかで、パラリンピックと日本の六〇年を大まかに知ってもらうことが、本書のささやかな目的である。

ローマで第一回のパラリンピックが開かれたのは一九六〇年。その年、一人の日本人医師がパラリンピック発祥の地であるイギリスのストーク・マンデビル病院でリハビリのスポーツを学んだことで、日本でもそれまで病院の中にいた障害者が、仕事をして、家庭を持って、スポーツを楽しめるようになった。一九六四年の東京パラリンピックはその後の日本社会を変えると同時に、さまざまな障害者が参加できる大会へと発展した現在のパラリンピックの原型となった。

それから六〇年。障害者のスポーツは、医師や厚生省の職員の手から、スポーツ指導者に受け継がれて、いまではパラリンピアンがバトンをつないで引っ張っていこうとしている。

パラアスリートたちはもちろん、メダルを目指して練習を重ねて、パラリンピックの舞台に臨む。しかし、日本人としては、メダルが少ないからと言って嘆くことはないと感じる。日本に新しいパラアスリートが次々と出てこないのは、日本が戦争も紛争もなく、労災事故や交通事故も以前より減少した平和な社会だからとも言えるからだ。メダルが獲れなくとも、日本のパラアスリートがパラリンピックに出場するだけでも、すでに十分意義がある。パラアスリートの活躍を会場やテレビで見ることで、パラリンピアンの可能性を感じることができるからだ。そして東京二〇二〇を開催することで、パラリンピックにおける日本の役割はますます重要になると考えるのが自然だ。

では、これからの日本の障害者スポーツの役割はどこにあるのだろうか。

日本の社会も六〇年前とは大きく変わった。平均寿命は二〇一八年には女性が八七・三二歳、男性が八一・二五歳と、超高齢化社会に突入している。女性が七〇・一九歳、男性は六五・三二歳だった一九六〇年と比べると、男女とも寿命は一五歳も延びているのだ。

超高齢化社会への対応は、世界の国々が抱える共通の課題でもある。よくよく考えてみれば、高齢になると私たちは遅かれ早かれ何らかの「障害」を抱えるようになる。障害者が暮らしやすい社会を実現すれば、高齢者にとっても暮らしやすい社会になるはずだ。

ということは、自分の可能性を生かして最高のパフォーマンスを見せるパラリンピアンの姿は、いまは障害のない人にとって自分の未来であり、その未来をポジティブに生きる姿でもある。誰もが同じように生活をして、仕事をして、スポーツで健康を維持できる社会を作っていく必要性を、パラリンピアンが活躍する姿から感じとれるのではないだろうか。

東京二〇二〇パラリンピックをきっかけに日本の社会が変わっていけば、それが世界のモデルにもなる。大会の開催を通して社会に新たな可能性を提示できることは、パラリンピックと日本の六〇年の歴史が示していることだろう。

最後に、本書の校了中、深刻な事態が発生したことを記しておかなければならない。新型コロナウイルス感染症の感染爆発である。二〇二〇年三月末の時点で、全世界で感染者は八〇万人を超え、死者は四万人を超えている。世界中で大規模イベントの延期や中止、市民の外出禁止、国内外への移動制限など厳しい感染防止策が採られているものの、いまだ治療薬はなく、感染者・死者の増加はとどまるところを知らない。三月三〇日には、ついに東京二〇二〇オリンピック大会が二〇二一年七月二三日開幕、同パラリンピック大会が二〇二一年八月二四日開幕に、それぞれ延期になることが発表された。

本書は東京二〇二〇パラリンピックが二〇二〇年八月二五日に開幕する前提で書き進められたことをご了解いただきたい。しかし、パラリンピックと日本の六〇年に渡る歴史を描き、そこに関わった人々の物語を描くことで、パラリンピック後の日本の障害者スポーツ、および障害者行政が抱える課題を問う意義は、大会の延期があろうといささかも変わりはないと考える。

執筆にあたっては、集英社の長谷川洋一氏に大変お世話になりました。「調査情報」の岩城浩幸編集長、ＴＢＳメディア総合研究所の伊藤哲社長をはじめ、取材を受けていただきました皆様に、深く感謝申し上げます。本書が「可能性の祭典」と日本の関係を読み解く一助になれば幸いです。

二〇二〇年三月　田中圭太郎

取材協力者（五十音順・敬称略）

麻生学　イアン・ブリテン　井手精一郎　恵良孝秀　大嶋陽子　大日方邦子　小淵和也　河合純一　川内信江　北沢淳子　小山直幸　佐藤拓　シャーメイン・フーパー　新藤信子　トビー・ミルドン　仲前信治　中村廣子　服部直充　藤田紀昭　藤原進一郎　ベリティ・ポスルスウェイト　マーティン・マッケルハットン　マセソン美季　三上真二　四ッ谷奈津子　渡邉允

❖参考・引用文献

『Stoke Mandeville Road to the Paralympics』JOAN SCRUTON MBE（一九九八年・PETERHOUSE）
『FESPIC Movement』SILAS T.CHIANG編（二〇一〇年・The Commercial Press）
『リハビリティション　医学的更生指導と理学的療法』天児民和・中村裕共著（一九六〇年・南江堂）
『国際身体障害者スポーツ競技会　東京パラリンピック大会　報告書』（一九六五年）
「整形外科」（南江堂・一九六五年四月号）
『身体障害者のスポーツ』ルードウィッヒ・グットマン、市川宣恭監訳（一九八三年・医歯薬出版）
『福祉はチャリティではない』中村裕（「キャリアガイダンス」リクルート・一九八四年二・三月号）
『アベを覚えてますか』山田一廣（一九八四年・新声社、文庫版一九九二年・筑摩書房）
『中村裕伝』中村裕伝刊行委員会編（一九八八年・中村裕伝刊行委員会）
『すすめ、太陽をあびて』きりぶち輝・高田三郎（一九八六年・ＰＨＰ研究所）
『パラリンピックの歴史』中川一彦（「ノーマライゼーション」日本障害者リハビリテーション協会・一九九七年一二月号）
『夢をつなぐ　全盲の金メダリスト　河合純一物語』澤井希代治（一九九七年・ひくまの出版）
『き・せ・き　松江美季―長野パラリンピック金メダルドキュメンタリー・コミック』光風治・小塚敦子・松江美季（一九九八年・集英社）
『博士の遺言　共に生きるとは』大分合同新聞社社会部取材班（一九九九年・大分合同新聞社）
『夢追いかけて　全盲の普通中学教師　河合純一の教壇日記』河合純一（二〇〇〇年・ひくまの出版）
『生徒たちの金メダル　夢　輝かせて』河合純一（二〇〇一年・ひくまの出版）
『ぼくが映画に出たあの夏の日のこと』河合純一（二〇〇三年・ひくまの出版）

『夢への努力は今しかない！　全盲の金メダリストからの伝言』河合純一（二〇〇四年・新風舎）
『ラッキーガール』佐藤真海（二〇〇四年・集英社）
『壁なんて破れる　パラリンピック金メダリストの挑戦』大日方邦子（二〇〇六年・ＮＨＫ出版）
『現代メディアスポーツ論』橋本純一編（二〇〇二年・世界思想社）
『天皇家の執事　侍従長の十年半』渡邉允（二〇〇九年・文藝春秋、文庫版二〇一一年・文春文庫）
『平成の皇室　両陛下にお仕えして』渡邉允（二〇〇八年・明成社）
『若き日の両陛下と東京パラリンピック』渡邉允（「文藝春秋」文藝春秋・二〇一三年二月号）
『Ｊ．Ｓ．Ａ．Ｄ　ＳＰＯＲＴＳ　指導者のためのスポーツ情報誌　Ｖｏｌ．28』（二〇〇六年・日本障害者スポーツ指導者協議会）
『パラリンピックの楽しみ方』藤田紀昭（二〇一六年・小学館）
『パラリンピックは世の中を変える　リオから見えた東京パラリンピックの課題』仲前信治（「調査情報」ＴＢＳテレビ・第五三四号　二〇一七年一―二月号）
『障がい者スポーツの歴史と現状』（日本障がい者スポーツ協会）
『リアル』井上雄彦（集英社・既刊一―一四巻）
『東京２０２０パラリンピックジャンプ』（集英社・ＶＯＬ．１～４）

❖ＷＥＢ

『スポーツ　歴史の検証　スポーツの証言インタビュー』笹川スポーツ財団（マセソン美季・藤原進一郎・井手精一郎・河合純一・大日方邦子）
https://www.ssf.or.jp/history/history/tabid/1567/Default.aspx
『戦略計画２０１５～２０１８年』国際パラリンピック委員会

https://www.jsad.or.jp/paralympic/what/pdf/ipc_strategic_plan_2015-2018.pdf
『クーベルタンとオリンピズム』日本オリンピック委員会
https://www.joc.or.jp/olympism/coubertin/
ストークマンデビルスタジアム
https://www.stokemandevillestadium.co.uk/
『かんたん！車いすラグビーガイド』日本障がい者スポーツ協会
https://www.jsad.or.jp/about/referenceroom_data/competition-guide_04.pdf
『パラリンピックの原点を探って』小倉和夫
http://para.tokyo/6-KazuoOGOURA.pdf
『オリンピック・パラリンピックのレガシー 人物編』笹川スポーツ財団
http://www.ssf.or.jp/history/Olympic_legacy/tabid/1611/Default.aspx
『中村裕博士と障がい者スポーツ』社会福祉法人太陽の家
http://www.taiyonoie.or.jp/sports
『前回東京オリンピック時（１９６４年）と現在の日本の状況』総務省
https://www.soumu.go.jp/main_content/000294409.pdf

本書は筆者による次の記事を全面的に改稿したものです。

『パラリンピックから見える東京２０２０』「調査情報」ＴＢＳテレビ・第五三六号（二〇一七年五―六月号）から第五五三号（二〇二〇年三―四月号）まで

著者プロフィール

田中圭太郎 Tanaka Keitaro

ジャーナリスト、ライター。１９７３年生まれ。大分県出身。１９９７年早稲田大学第一文学部東洋哲学専修を卒業。同年大分放送に入社。報道部、東京支社営業部勤務を経て、２０１６年フリーランスとして独立。ジャーナリストとして「調査情報」「現代ビジネス」など、雑誌やＷＥＢメディアで社会問題を中心に執筆。相撲ジャーナリストとしても「大相撲ジャーナル」で取材・執筆を担当するほか、インタビュー記事も多数手掛けるなど、ライター・編集者として幅広く活躍している。

章扉写真クレジット

■第一章／中村裕とルードウィッヒ・グットマン〈１９６４年〉©毎日新聞社
■第二章／東京パラリンピック開会式、日本選手団の入場〈１９６４年〉©毎日新聞社
■第三章／東京パラリンピック歓迎レセプションで各国代表選手を激励する皇太子・皇太子妃（当時）〈１９６４年〉©毎日新聞社
■第四章／第1回極東・南太平洋身体障害者スポーツ大会（フェスピック）開会式〈１９７５年〉©共同通信社
■第五章／シドニーパラリンピック、水泳男子５０メートル自由形（視覚障害1）で優勝、ガッツポーズする河合純一〈２０００年〉©共同通信社
■第六章／長野パラリンピック、アルペン（チェアスキー）滑降女子で優勝した大日方邦子とアイススレッジスピードレース女子５００メートルで優勝した松江美季〈１９９８年〉©毎日新聞社
■第七章／日本パラリンピアンズ協会による奨学金授与。後列左は河合純一、後列右は奨学金をスポンサードするスタイル・エッジの花咲圭祐取締役〈２０１８年〉©共同通信社
■第八章／２０２０年大会招致スピーチをする佐藤真海〈２０１３年〉、ＩＰＣ公認教材「I'mPOSSIBLE（アイムポッシブル）」の発表をするマセソン美季〈２０１７年〉©毎日新聞社

パラリンピックと日《にっ》本《ぽん》

知られざる60年《ねん》史《し》

2020年4月29日　第1刷発行

著　者　田《た》中《なか》圭《けい》太《た》郎《ろう》

発行者　茨木政彦

発行所　株式会社　集英社

〒101-8050　東京都千代田区一ツ橋2-5-10

電話　編集部　03-3230-6141

読者係　03-3230-6080

販売部　03-3230-6393（書店専用）

印刷所　大日本印刷株式会社

製本所　加藤製本株式会社

定価はカバーに表示してあります。

ISBN978-4-08-781686-0　C0095